만화 주식투자 무작정 따라하기
The Cakewalk Series – Have Fun Investing Stocks

초판 1쇄 발행 · 2006년 12월 8일
초판 15쇄 발행 · 2011년 5월 27일
1차 개정 1쇄 발행 · 2013년 5월 31일
1차 개정 7쇄 발행 · 2017년 3월 20일
2차 개정 1쇄 발행 · 2017년 8월 20일
2차 개정 16쇄 발행 · 2025년 11월 12일

글 / 그림 · 이금희 | **원작** · 윤재수
발행인 · 이종원
발행처 · (주)도서출판 길벗
출판사 등록일 · 1990년 12월 24일
주소 · 서울시 마포구 월드컵로 10길 56(서교동)
대표 전화 · 02)332-0931 | **팩스** · 02)323-0586
홈페이지 · www.gilbut.co.kr | **이메일** · gilbut@gilbut.co.kr

담당 · 유나경(ynk@gilbut.co.kr)
제작 · 이준호, 손일순, 이진혁 | **마케팅** · 정경원, 김진영, 박민주, 류효정
유통혁신 · 한준희 | **영업관리** · 김명자, 심선숙, 정경화 | **독자지원** · 윤정아

표지디자인 · 디박스 | **본문디자인 및 전산편집** · 김정미
CTP 출력 및 인쇄 · 예림인쇄 | **제본** · 예림바인딩

- 이 책은 저작권법의 보호를 받는 저작물이므로 이 책에 실린 모든 내용, 디자인, 이미지, 편집 구성은 허락 없이 복제하거나 다른 매체에 옮겨 실을 수 없습니다.
- 인공지능(AI) 기술 또는 시스템을 훈련하기 위해 이 책의 전체 내용은 물론 일부 문장도 사용하는 것을 금지합니다.
- 잘못 만든 책은 구입한 서점에서 바꿔 드립니다.

© 이금희, 윤재수, 2017

ISBN 979-11-6050-231-2 17320
(길벗도서번호 070350)

정가 14,500원

독자의 1초를 아껴주는 정성 길벗출판사

(주)도서출판 길벗 | IT단행본&교재, 성인어학, 교과서, 수험서, 경제경영, 교양, 자녀교육, 취미실용 www.gilbut.co.kr
길벗스쿨 | 국어학습, 수학학습, 주니어어학, 어린이단행본, 학습단행본 www.gilbutschool.co.kr

맨 처음 시작하는 왕초보 주식공부

만화
주식투자
무작정 따라하기 | 최신개정판

글·그림 이금희
원작 윤재수

길벗

초보자 눈높이로 공부하며 책을 만든 시간들

처음 《만화 주식투자 무작정 따라하기》를 출간한 지도 벌써 11년이 지났습니다. 주식 호황기는 물론 하락기에도 큰 인기를 끌며 지금까지 주식 분야에서 부동의 1위를 지켜왔지요.
지난 11년 동안 많은 변화가 있었습니다. 금융위기가 전세계를 휩쓸고 지나갔고 스마트폰이 급속도로 보급되면서 모바일 트레이딩도 흔해졌습니다. 그러나 이런 세태의 변화에도 불구하고 주식투자의 원칙은 흔들리지 않는다는 것을 이번 개정판을 준비하면서 다시금 알게 되었습니다.

저는 주식에는 문외한으로, 굳이 말하자면 이 책에 나오는 돼랑이에 이입되어 있습니다.
만화가이자 《주식투자 무작정 따라하기》의 또 한 명의 베타테스터로서 책을 짚어나가게 되었지요. 그 과정에서 윤재수 선생님의 원작을 바탕으로 다양한 자료와 서적들을 참고하여 주식의 개념과 원리를 좀더 쉽고 재미있게 만들어 만화로 옮길 수 있었습니다.

여전히 부족함이 많지만, 특히 저와 같이 주식의 '주'자도 모르던 많은 분들이 주식투자 공부에 첫발을 내딛는 데는 큰 도움이 되리라고 생각합니다.
저는 이제 배당투자에 관심을 가지고 신문과 뉴스의 주식투자 소식을 눈여겨보게 되었습니다.

책을 진행하면서 가장 인상 깊었던 점은 주식에 관심이 없을 때는 주변에 주식투자를 하는 사람이 하나도 보이지 않았는데 주식투자에 관심을 가지게 되자 주변에 주식을 하지 않는 사람이 거의 없더라는 사실이었습니다. 아는 만큼 들리고 아는 만큼 보인다는 말이 정말이더군요.
좀더 공부하면 돈을 보는 눈도 더 커지지 않을까 낙관해 봅니다.

이 책을 디딤돌 삼아 주식의 세계에 진입하실 독자 여러분들의 투자 생활에 큰 행운이 깃드시길 기원합니다.

이금희

주식투자, 결코 어렵지도 위험하지도 않다!

《주식투자 무작정 따라하기》가 2005년 7월에 첫 출간된 후 지금까지 주식분야 베스트셀러로 자리매김하고 있어 이 자리를 빌려 애독자 여러분의 성원에 진심으로 감사를 드립니다. 자본주의 시대에 살고 있는 현대인이라면 주식투자를 하지 않더라도 증권에 대한 상식은 가지고 있어야 합니다. 증권을 남보다 일찍 알게 되면 경제를 보는 눈높이가 높아지고 세상을 보는 시야가 넓어지며 부자가 될 확률이 높아집니다. 그러나 많은 사람들이 '주식투자는 너무 어려워서 소수의 전문가들만 할 수 있는 것' 또는 '주위에 손해를 본 사람들이 많아서' 등의 선입견에 갇혀 주식과 거리를 두고 있는 것이 현실입니다.

우리나라 주식시장은 '묻지마!'식 투자방식은 줄어들고 기업의 가치를 분석해 보고 투자를 결정하는 분위기가 조성되고 있습니다. 외국인 투자비중과 펀드투자의 비중이 증가하였기 때문이기도 하지만 투자자들이 주식에 관한 공부를 많이 하기 때문이라고 생각합니다. 주식투자에 대한 풍부한 지식을 쌓은 후 올바른 투자방법을 익힌다면 주식은 결코 어려운 것도 또 위험한 것도 아닙니다.

이 책은 주식투자에 경험이 없는 사람들 그리고 학생과 청소년들에게 증권시장과 주식에 대한 기본 개념을 알려주고 올바른 투자원리를 깨치게 하는 데 많은 기여를 할 것으로 보입니다. 그러나 이 책만으로 주식투자를 시작하기에는 다소 부족함이 있을 것입니다. 따라서 주식 공부에 재미를 느낀 분들은 《주식투자 무작정 따라하기》와 《차트분석 무작정 따라하기》《주식시장 대세판단 무작정 따라하기》 등의 책으로 단계적으로 지식을 넓힌 후 자기 나름의 투자원칙을 수립하기 바랍니다. 그리고 처음에는 투자수익보다는 공부한다는 데 의미를 두고 소규모 자금으로 투자를 시작하는 것이 올바른 방법이라고 생각합니다. 아무쪼록 이 책이 올바른 투자상식을 갖게 하는 데 일조하기를 바랍니다.

윤재수

등장인물 설명

유쾌하면서도 박식하고
듬직하신 굼선생입니다.
우리를 주식의 세계로 안내하죠.

굼선생의 애제자로
아그들 중 가장 똑똑한
모습을 보여줍니다.
돼랑이 킬러?

문제가 많은 돼랑이입니다.
허술하긴 하지만 누구보다도
주식에 대해 알고자 하는
강한 열의를 보여주지요.
동분서주하는 귀여운 돼랑이를
이뻐해 주세요.

멋진 수염을 달고 있는
톡기는 돼랑이와 고냥씨 사이에서
무게를 잡아줍니다.
잠깐 증권사 대리를 연기하기도 하지요.
열심히 배우고 있는 학생이죠.

이 책을 보는 방법

**만화로 술술 읽다 보면
하루 만에 끝낼 수 있어요!**

주식투자를 하려면 주식이 뭔지, 어떻게 사고파는지, 언제 사고 언제 팔아야 하는지 정도는 알아야겠죠? 그런데 주식투자 책이 너무 어려워 머리가 아프시다고요?
굼샘과 함께 주식의 세계로 떠나보세요~~.
주식! 꼼짝 마! 굼샘이 간-다-아-!!

'돌발퀴즈'를 풀면 주식 & 경제 상식이 쑥쑥!

만화로 공부하니 무척 쉽지요? 그렇다고 방심하진 마세요! 중간 중간 굼샘이 실력 테스트를 하니까요. 뭐, 그렇다고 넘 겁먹을 건 없어요. 어느새 실력이 쑥 늘어 있을 테니까요.
굼샘! 문제가 너무 쉬워요~.

왕초보의 눈과 귀를 활짝! 증권용어 100선

왕초보 입문자를 위해 특별부록으로 알쏭달쏭한 증권용어 100개를 선정해 쉽게 풀어놓았습니다.
〈왕초보의 눈과 귀를 활짝! 증권용어 100선〉으로 여러분의 실력을 한단계 업그레이드하세요!

차례

첫째마당　주식투자, 어떻게 하는 걸까?　······ 10
- 01 주식투자는 언제부터 시작되었나요? ······ 12
- 02 주식회사가 뭔가요? ······ 26
- 03 왜 주식투자를 해야 하나요? ······ 31
- 04 초보 주식투자자가 꼭 기억할 것들 ······ 37
- 05 주식은 어떻게 사고파나요? ······ 44

둘째마당　돈 되는 주식 감별법!　······ 62
- 06 주가는 기업의 성적표! ······ 64
- 07 좋은 주식을 찾는 방법 ······ 78
- 08 외국인 & 기관투자, 무엇이 다른가? ······ 93
- 09 돈 되는 정보수집 따라하기 1 ······ 103
- 10 돈 되는 정보수집 따라하기 2 ······ 122
- 11 왕초보를 위한 안전투자, ETF ······ 135

셋째마당 　비쌀 때 팔고, 쌀 때 사려면? ······ 148
　12　차트 보는 안목이 생기면 주가를 예측한다 ······ 150
　13　차트로 매매시점 파악하기 1 ······ 171
　14　차트로 매매시점 파악하기 2 ······ 192
　15　주가의 큰 흐름을 모르면 쪽박 차기 십상! ······ 222
　16　손해 보지 않는 주식투자 매매원칙 ······ 248

넷째마당 　주식투자 고수로 가는 길 ······ 264
　17　재산 형성 수단으로 각광받는 배당투자 ······ 266
　18　장·단기 투자 핵심 포인트 ······ 282
　19　선물·옵션이란 무엇일까? ······ 301

부록　왕초보의 눈과 귀를 활짝! 증권용어 100선 ······ 319

01 주식투자는 언제부터 시작되었나요?
02 주식회사가 뭔가요?
03 왜 주식투자를 해야 하나요?
04 초보 주식투자자가 꼭 기억할 것들
05 주식은 어떻게 사고파나요?

첫째마당

주식투자, 어떻게 하는 걸까?

01 주식투자는 언제부터 시작되었나요?

* 블루칩 : 재무구조와 수익성이 좋고 시장지배력이 높은 우량주를 뜻합니다.

* 주식과 채권의 차이 : 주식과 채권 모두 유가증권(재산권을 표시한 증거 문서) 형태로 발행된다는 점에서는 동일합니다. 다만 주식은 회사를 사는 것이므로 이익에 대한 배당을 받을 권리가 있는 반면 손해가 나면 원금을 돌려받지 못하지만, 채권은 회사에 돈을 빌려주는 것이기 때문에 이자를 붙여 원금을 돌려받는다는 차이가 있습니다.

* 상장 요건 : 코스피(KOSPI)와 코스닥(KOSDAQ) 상장 요건은 자본금, 매출액 규모 등에 따라 달라집니다. 코스피는 일반적으로 거래소시장으로 불리며 상대적으로 안정적이고 몸집이 큰 회사가 상장되어 있고, 코스닥은 코스피에 비해 규모가 작은 회사들이 상장한다고 보시면 됩니다.

02 주식회사가 뭔가요?

03 왜 주식투자를 해야 하나요?

주식투자의 오랜 격언 중에 '계란을 한 바구니에 담지 마라'라는 말이 있습니다.

경제요인과 주가의 관계

1. 경기변동과 주가는 동행한다.

주가는 경기변동과 같은 사이클을 그리되, 경기보다 약간 앞서가는 경향이 있습니다.

2. 경제성장률과 주가는 동행한다.

기업의 매출과 이익이 증가하여 기업의 가치가 높아지므로 주가도 올라갑니다.

3. 금리는 주가와 역행한다.

금리가 낮으면 기업의 금융비용이 줄어 재무구조가 좋아지고 투자자는 은행 대신 주식시장을 찾게 되어 주가가 상승하게 됩니다.

4. 통화량은 주가와 동행한다.

통화량이 늘면 금리가 내리고 돈이 주식시장으로 유입됩니다.

5. 환율은 주가와 역행하지만 동행하는 면도 있다.

환율 하락(돈 가치 상승)은 기업수익 면에서는 마이너스이지만, 증권시장에는 자금유입이라는 플러스 요인이 되어 주가의 하락 요인도 되고 상승 요인도 됩니다.

6. 경상수지*가 흑자면 주가는 상승한다.

수출이 수입보다 많았다는 뜻이므로 기업실적이 좋아져 주가가 상승합니다.

*경상수지 : 국제거래에서 수입과 수출의 차액. 경상수지 흑자는 수출이 많은 것이고 경상수지 적자는 수입이 많은 것을 의미합니다.

04 초보 주식투자자가 꼭 기억할 것들

초보 투자 명심사항 5가지

1. 주식투자로 손해 볼 수 있다는 점을 인정하라!

주식투자로 누구나 매번 돈을 벌 수 있다면
은행에 예금을 하는 사람은 아무도 없을 것입니다.
주식투자로 높은 수익을 얻을 수도 있지만
손실을 볼 위험도 있다는 것을 알고 있어야 합니다.

손실을 볼 수 있다면 어떻게
대비해야 할까요?
첫째, 자신이 허용할 수 있는
손실의 범위를 정해야 합니다.

둘째, 장기 여유자금으로 투자를 해야 합니다.
빌린 돈이나 다른 데 써야 할 자금으로 투자할 경우
실패할 확률이 매우 높습니다.
아무리 평온한 마음을 가지려고 노력해도
조급한 마음이 앞서 매수시점이 아닌데도 매수하고
매도시점이 아닌데도 팔기 때문입니다.

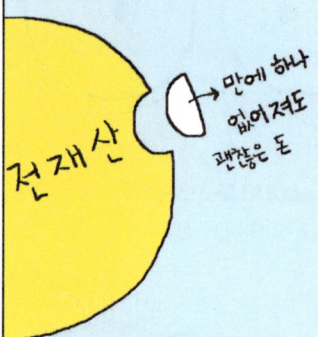

생계의 기초가 되는 전재산이나
어떠한 일이 있어도 손실을
보아서는 안 되는 자금으로 주식
투자를 해선 안 됩니다.

특히 초보 투자자는 소액으로 시작하십시오.
여유자금이 없다면 당장 종잣돈부터 모으세요.
그런 다음 주식투자를 시작해도 늦지 않습니다.

05 주식은 어떻게 사고파나요?

이렇게 하면 홈트레이딩 준비 완료!
공부는 이제부터 진짜 시작!

이제 무선으로 주식거래 한다!

스마트폰, 태블릿 PC가 대중화되면서

HTS를 잇는 새로운 거래수단으로 MTS(Mobile Trading System)를 많이 이용하고 있습니다.

HTS를 방화벽으로 막아 접속 자체를 차단하는 기업들이 많아지면서 직장에서 주식거래를 포기해야 했던 직장인들에게 시간과 장소에 구애받지 않는 모바일 주식거래는 매력적인 존재이지요.

증권사마다 자사 어플을 경쟁적으로 출시하고 있으므로 해당 증권사의 어플을 다운받아 사용하면 됩니다.

HTS를 이용해 봤다면 사용법도 그리 어렵지 않고요.

MTS 시장이 급부상하면서 증권사마다 수수료를 1년간 면제하는 행사도 종종 진행 중입니다.

그러나 지나치게 잦은 매도 매수는 수수료 증가와 데이터 통화료의 폭증을 가져올 수 있습니다. 또한 평정심을 잃은 주식거래가 될 가능성도 높으니 이에 대한 주의가 필요합니다.

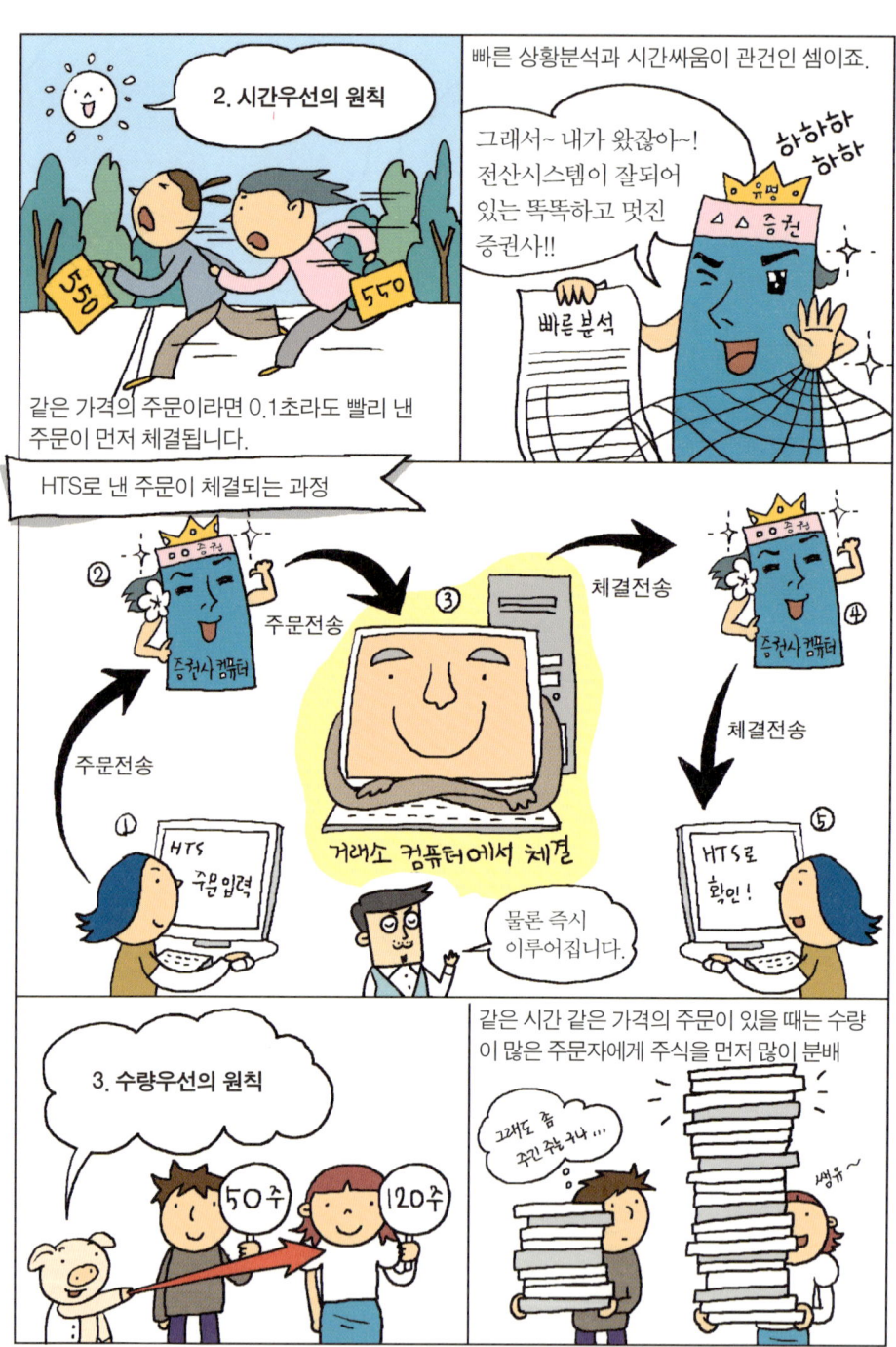

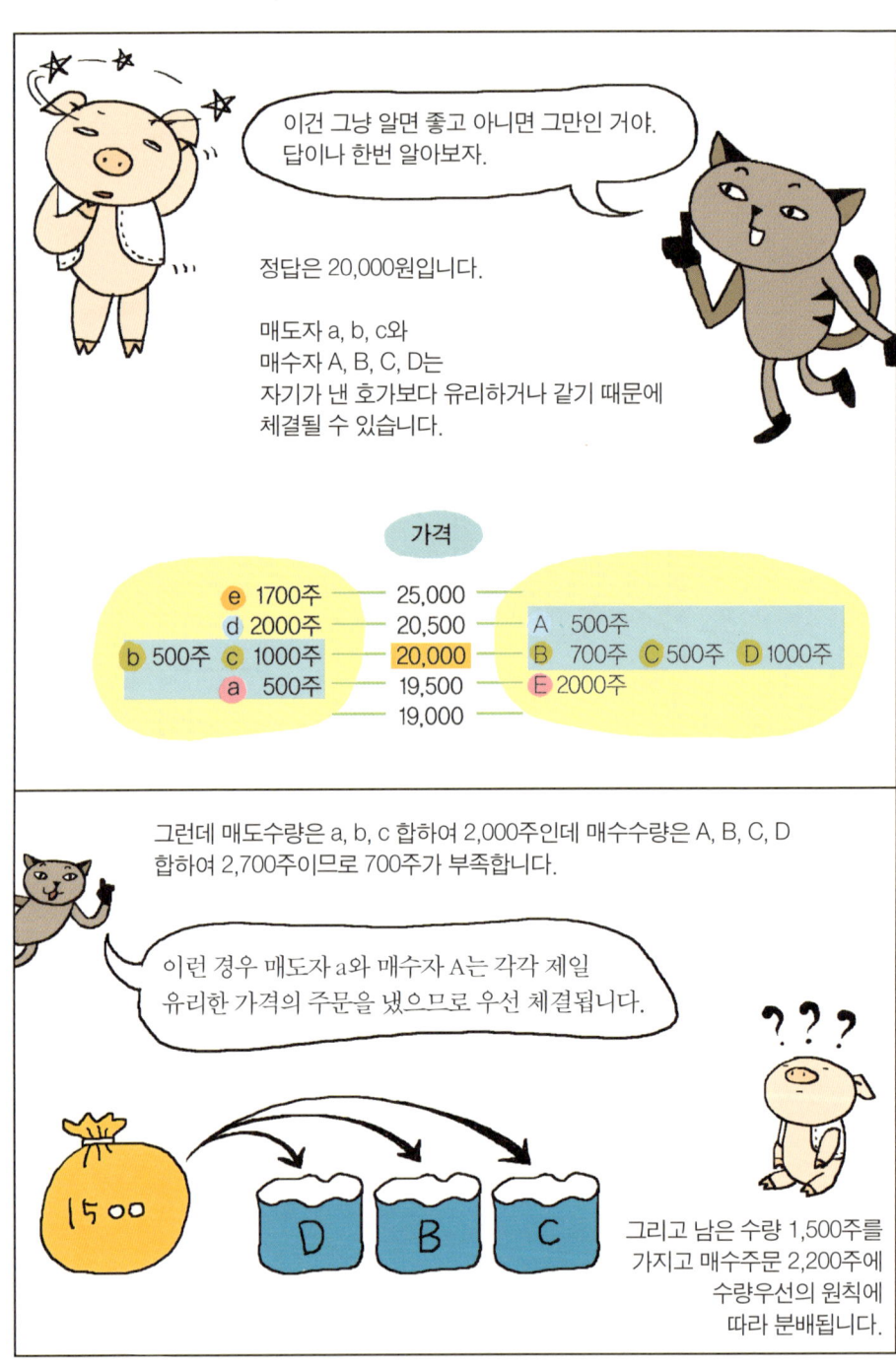

1. 증권회사 직원을 통한 오프라인 거래일 경우

매수시 위탁수수료 50,000원(1,000만원×0.5%)

매도시 위탁수수료 60,000원(1,200만원×0.5%)
          + 증권거래세 24,000원(1,200만원×0.20%)
          = 84,000원

총비용 134,000원
          (매수시 50,000원 + 매도시 84,000원)

※ 거래단위가 2억원 이상으로 커질 경우,
   수수료율은 점차 낮아집니다.

2. HTS나 MTS로 직접 주문을 낼 경우

매수시 위탁수수료 15,000원(1,000만원×0.15%)

매도시 위탁수수료 18,000원(1,200만원×0.15%)
          + 증권거래세 18,000원(1,200만원×0.15%)
          = 36,000원

총비용 51,000원
          (매수시 15,000원 + 매도시 36,000원)

※ 거래수수료 0.15% 기준

* 미수매수 : 주식 매수시 증거금을 내고 외상으로 매입하는 방법. 증거금률이 40%인 경우 계좌에 40만원만 있으면 100만원어치 주식을 살 수 있습니다. 미수금은 3일 이내로 입금하지 않으면 증권사에서 주식을 임의로 처분하기 때문에 투자자 입장에서는 손해를 보기 쉽습니다.

06 주가는 기업의 성적표!

07 좋은 주식을 찾는 방법

08 외국인 & 기관투자, 무엇이 다른가?

09 돈 되는 정보수집 따라하기 1

10 돈 되는 정보수집 따라하기 2

11 왕초보를 위한 안전투자, ETF

둘째
마당

돈 되는
주식 감별법!

06 주가는 기업의 성적표!

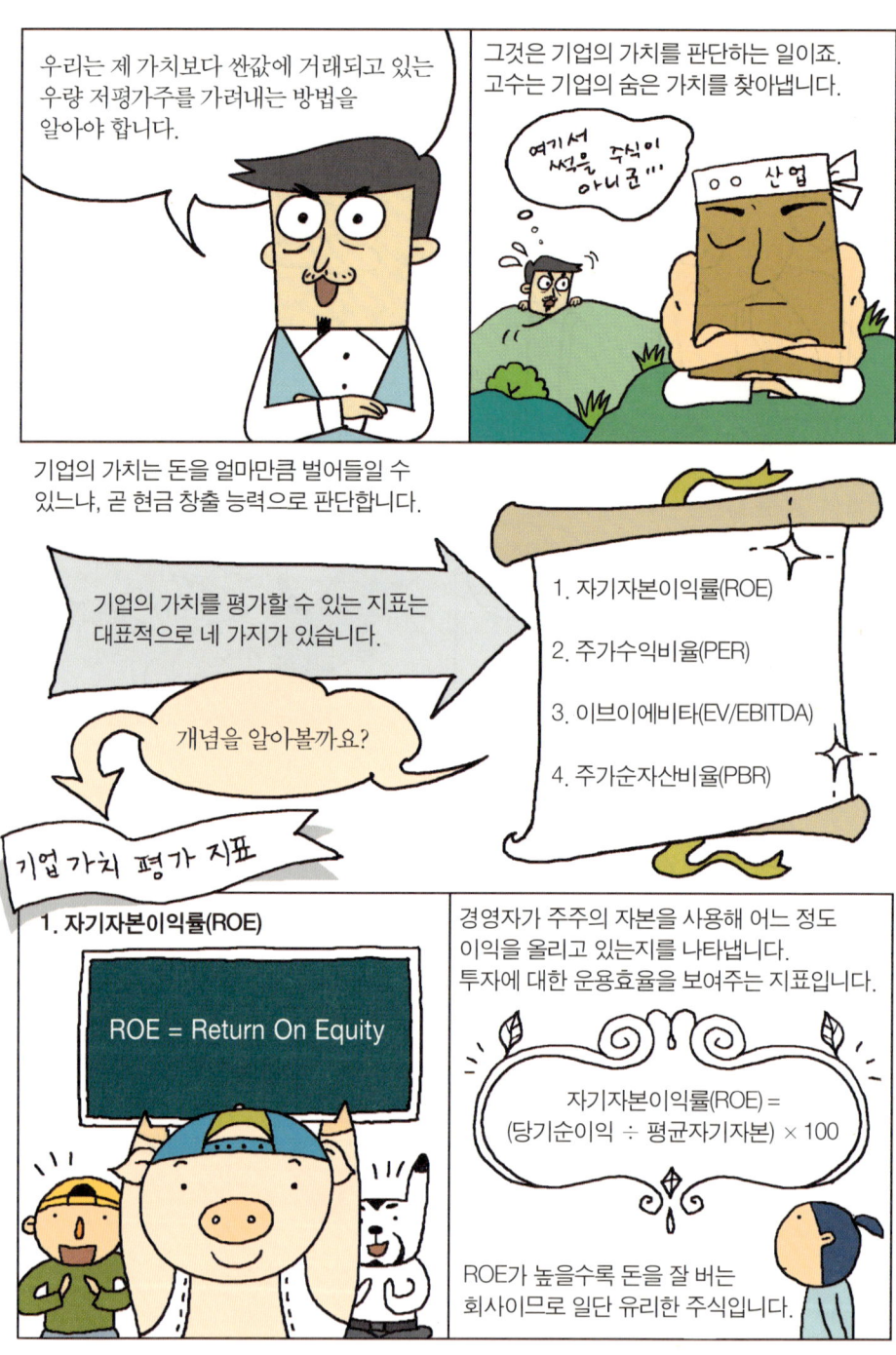

회사명	평균자기자본	당기순이익	ROE(%)
A사	7,501	1,356	18.1
B사	49,005	16,000	32.6
C사	61,686	11,200	18.2
D사	140,000	23,000	16.4
E사	30,000	2,920	9.7

1. 괄호 안의 OOO에 알맞은 말은?
2. 자기자본이익률 기준으로만 볼 때 가장 매력적인 회사는 어느 회사일까요?

정답 A

1. 자기자본이익률은 ROE입니다.
2. ROE는 높을수록 좋은 회사이므로 B사가 정답입니다.

돌발퀴즈 B

다음은 20××년 예상실적을 근거로 한 우리나라 대형 건설회사에 대한 분석 자료입니다.

회사명		㉠ (ooooo) EPS(원)	㉡ (oooooo) 예상 PER(배)
튼튼건설	84,200	6,800	12.4
우량건설	10,400	770	13.5
믿음건설	97,000	8,900	10.9
굳센산업	24,850	2,200	11.3
튼실산업	120,500	13,600	8.9

1. ㉠과 ㉡에 들어갈 우리말은?
2. PER 기준으로 볼 때 가장 매력적인 투자대상 기업은 어디입니까?
3. PER 기준으로 볼 때 고평가된 종목은 어느 회사입니까?

정답 B

1. ㉠ EPS는 주당 순이익입니다.
   ㉡ PER는 주가수익비율입니다.
2. PER는 낮을수록 저평가되어 있는 것이므로 튼실산업이 가장 좋은 투자대상 기업입니다.
3. 고평가되어 있는 기업은 우량건설입니다.

잠깐!!

알아두면 좋은 주가 지표가 또 하나 있습니다. PSR (주가매출액비율)입니다.

PSR은 주가가 저평가되어 있는지 고평가되어 있는지 알아보는 또 하나의 지표. Price to Sales Ratio입니다.

주가매출액비율(PSR) = 주가 ÷ 1주당 매출액

주가매출액비율은 현재 주가 수준으로 본 매출액 성장에 대한 기대치로, 낮을수록 좋은 지표입니다. 미래가치가 중시되는 벤처기업 평가에 유용합니다.

돌발퀴즈 C 다음은 세계 자동차회사들의 20××년 예상실적에 의한 주당 순이익(EPS)입니다.

(금액단위 : 조원)

회사명	국가	매출액	영업이익	순이익	EPS (원)
H사	한국	27.5	2.0	1.8	7,638
G사	미국	221.5	16.6	4.2	759
F사	미국	495.5	13.6	4.0	1,710
C사	독일	220.1	8.9	3.8	3,873
P사	프랑스	78.7	3.1	1.7	8,915
V사	독일	111.6	2.3	1.0	3,755
T사	일본	194.3	18.9	13.0	3,448
HD사	일본	89.4	6.6	4.9	4,790

1. EPS 기준으로 볼 때 가장 좋은 회사 3개를 고르세요.
2. 세계 자동차회사 평균 PER가 12라면 PER 기준으로 H사의 적정 주가는 얼마입니까?

정답 C

앗! 적정 주가 공식이다!

1. EPS 기준으로 가장 좋은 회사는 P사, H사, HD사 순입니다.
2. H사의 적정 주가는 주당 순이익(EPS) 7,638원 × 평균 PER 12 = 91,656원입니다.

돌발퀴즈 D 다음은 20××년 추정 실적에 따라 이브이에비타를 계산해 본 것입니다.

(단위 : 억원, 배)

회사명	매출액	영업이익	순이익	EPS (원)	PER	EV/EBITDA
W사	15,010	2,346	1,792	2,324	17.6	7.2
C사	39,500	3,960	7,516	54,934	4.0	7.9
K사	194,537	22,430	14,285	5,461	8.5	3.5
O사	2,583	900	740	7,017	16.9	7.9

이브이에비타 기준으로 볼 때 가장 매력적인 투자대상 종목은 무엇입니까?

정답 D 이브이에비타는 수치가 낮을수록 저평가되어 있는 것이므로 이브이에비타 기준으로는 K사가 가장 좋은 투자대상 종목입니다.

돌발퀴즈 E 다음은 휴대폰 부품업체 가운데 20××년 추정 실적이 우량한 기업들입니다.

(○ ○ ○ ○ ○ ○ ○)

회사명	자본금(억)	PBR(배)	ROE(%)	주가(원)
J사	89.10	0.83	4.7	6,160
K사	40.00	1.74	14.3	21,050
P사	84.00	0.70	3.7	6,720
I사	43.00	0.66	8.9	19,400

1. 괄호 안에 들어갈 적당한 우리말은?
2. PBR 기준으로 볼 때 저평가되어 있어 가장 투자하기 좋은 종목은?
3. PBR 기준으로 가장 고평가되어 있는 회사는?

정답 E
1. PBR은 주가순자산비율입니다.
2. PBR은 낮을수록 저평가되어 있는 것이므로 I사가 가장 매력적인 투자대상입니다.
3. 가장 고평가된 회사는 K사입니다.

잊지 말자!

1. 자기자본이익률(ROE)
2. 주가수익비율(PER)
3. 이브이에비타(EV/EBITDA)
4. 주가순자산비율(PBR)

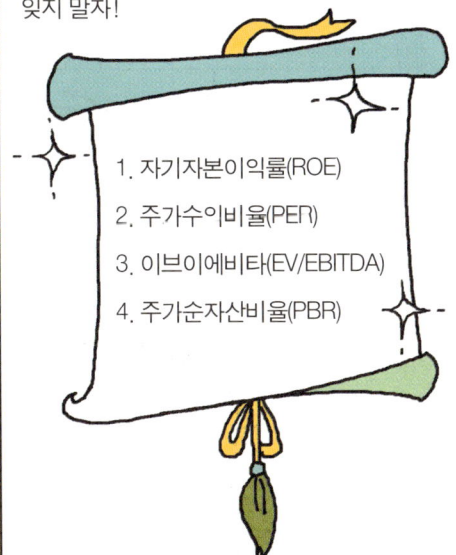

07 좋은 주식을 찾는 방법

08 외국인&기관투자, 무엇이 다른가?

09 돈 되는 정보수집 따라하기 1

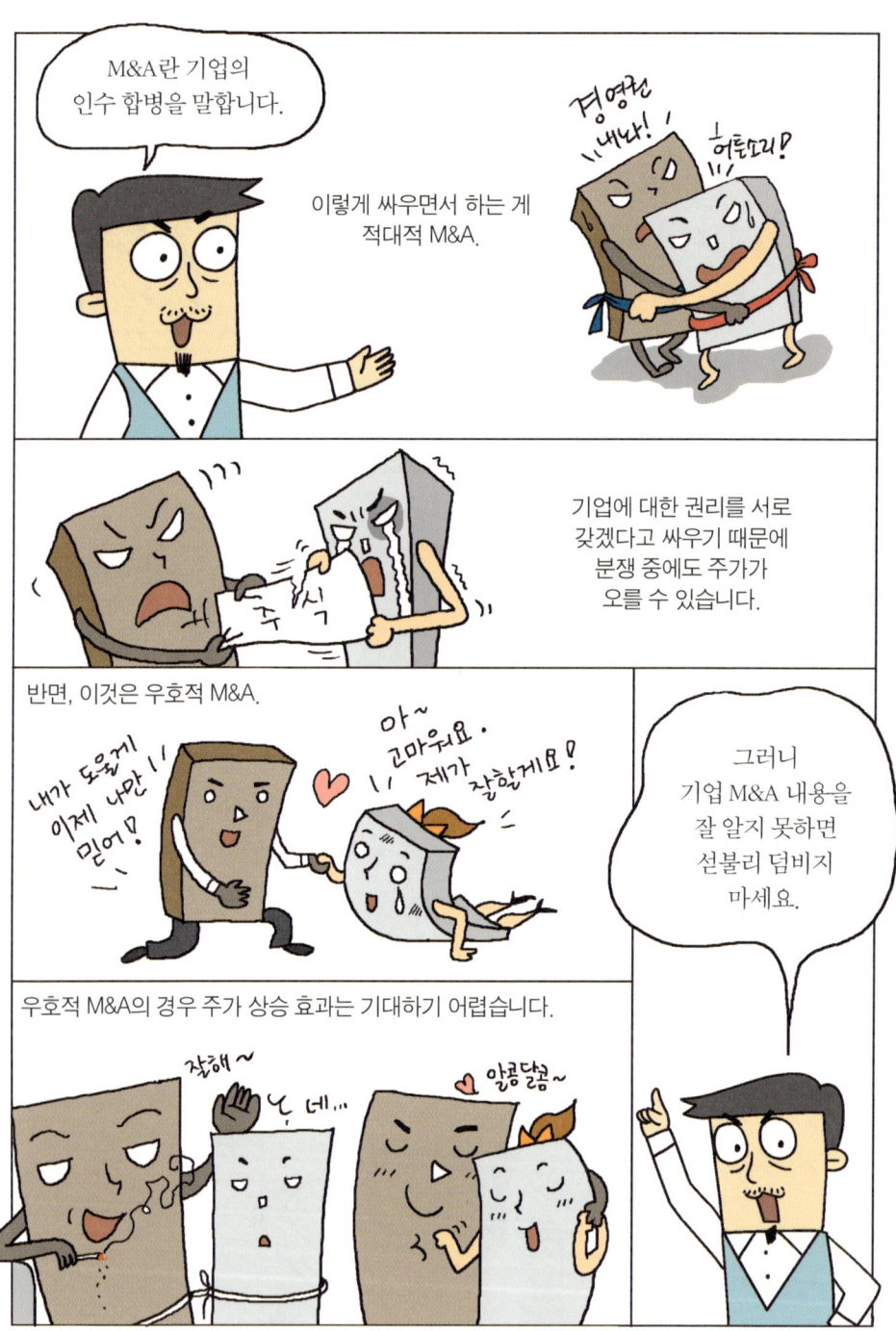

10 돈 되는 정보수집 따라하기 2

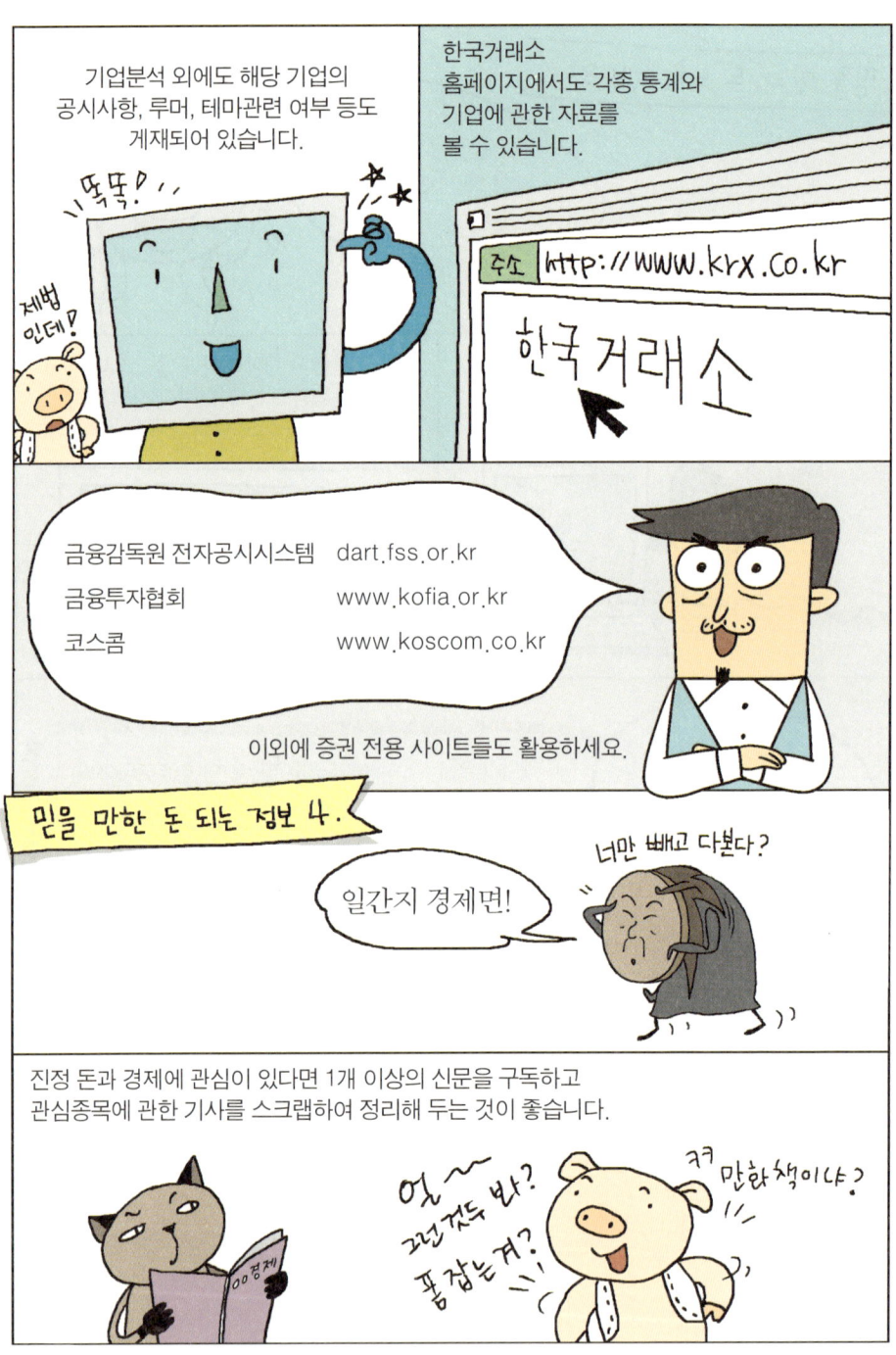

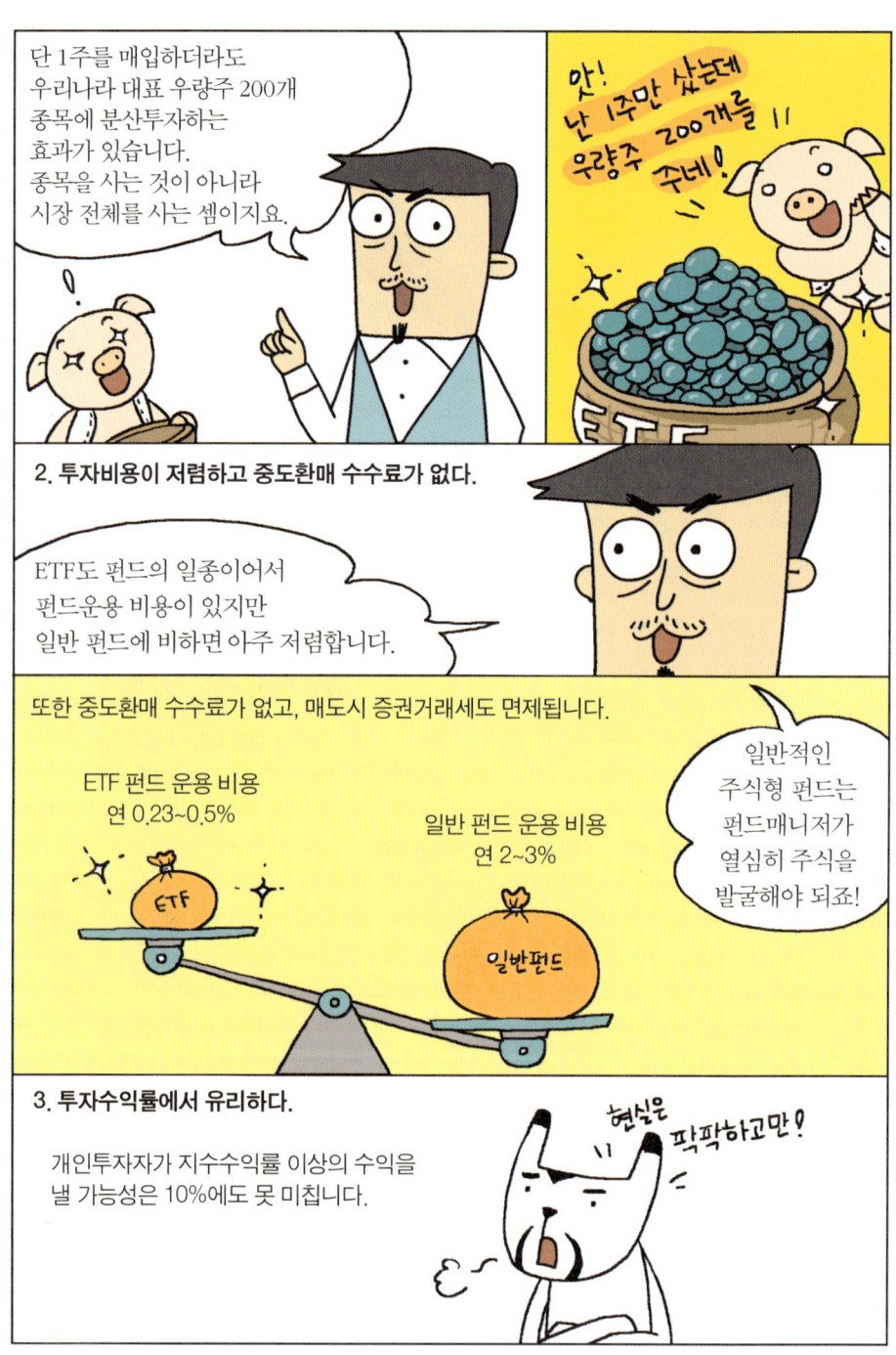

소수의 전문가를 제외한다면 종합주가지수를 추적하는 ETF에 투자하는 것이 성공투자에 이르는 지름길입니다. 예측과 접근이 쉬운 투자방법이니까요.

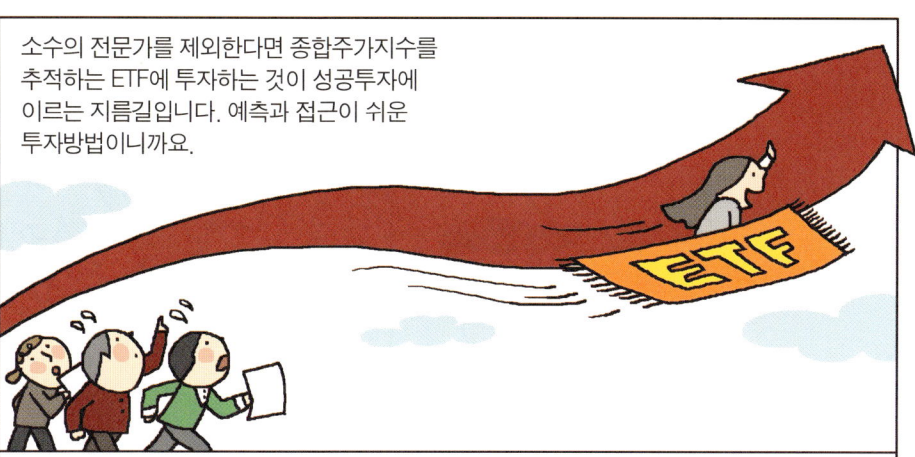

4. 펀드의 운영이 투명하다.

일반 펀드는 운용결과를 수개월이 지나야 운용보고서 형식으로 투자자에게 알려주지만, ETF는 매일 TV나 신문에 나오는 주가지수만 봐도 투자수익률을 알 수 있습니다.

5. 배당수익까지 얻을 수 있다.

ETF는 현물주식으로 구성된 상품입니다. 따라서 그 속에 포함된 개별종목이 배당을 하면 핀드 운용 비용을 공제하고 나머지 금액을 배당금으로 지급합니다.

6. 실시간으로 쉽게 매매할 수 있다.
ETF는 주식과 똑같은 방법으로 거래되므로 장중에 거래가격을 실시간으로 확인하면서 투자자가 원하는 시점에 원하는 가격으로 매수와 환매가 가능합니다.

ETF가 좋은 투자상품으로 떠오르면서 상품도 다양해진 만큼 각 종목의 특성을 알고 투자해야 똑똑한 투자자가 될 수 있습니다.

1. 시장대표지수 ETF

시장을 대표하는 코스피200 지수와 KRX100 지수를 추적하는 ETF입니다. 위 상품들 중 최고 인기상품은 KODEX200입니다.

2. 섹터지수 ETF
섹터지수 ETF는 자동차, 반도체, IT, 조선, 은행, 증권 등 특정 업종에 소속된 기업들로 구성된 지수를 추적하는 ETF 상품입니다.

섹터지수 ETF는 시장 전체를 사는 것이 아니고 일부를 매수하는 것이기 때문에 전액 투자하는 것은 위험합니다.

3. 스타일지수 ETF

스타일지수 ETF는 기업의 특성 또는 기업의 성과형태가 유사한 주식집단으로 구성된 지수를 추적하는 ETF입니다. 대형주, 중형주, 소형주, 가치주, 성장주 등 다양한 형태로 분류됩니다.

스타일지수 ETF도 섹터지수 ETF처럼 보조 투자수단으로 이용하는 것이 좋습니다. 또 아직까지는 거래가 많지 않아 불편한 점이 있다는 것도 알아두세요.

4. 해외지수 ETF

현재 거래소에 상장되어 있는 해외지수 ETF는 중국, 일본, 미국, 기타 등 4개 종목입니다. 해외지수 ETF에 투자할 때는 해당 국가의 시장상황을 잘 알고 해야 합니다.

• MKF지수 : 〈매일경제신문〉, 금융투자협회, 에프앤가이드가 공동 개발한 지수로, 매일 〈매일경제신문〉 증권 · 시황란에 발표됩니다.

유동성 위험을 피하는 방법은 거래가 지나치게 적거나 자산규모가 적은 종목은 매수종목에서 제외하는 길 밖에 없습니다. ETF 중에 아직까지는 거래가 빈약한 종목이 많으니 주의하세요.

3. 신용 위험
신용위험이란 ETF에 편입되어 있는 종목의 기업이 부도가 나 주가가 폭락할 위험입니다.

우량주라더니 믿는 기업에 발등 찍히는 건가..

그러나 너무 위축될 필요는 없습니다. ETF는 분산투자 효과가 있어 개별종목에 투자하는 것보다는 오히려 덜 위험하니까요.

네..

ETF는 한 종목이 25% 이상 비중을 차지하지 못하도록 되어 있기 때문에 지수에 미치는 영향은 미미합니다. 그래서 개별종목에 투자했을 때를 생각하면 비교할 수 없을 만큼 안전하다고 볼 수 있습니다.

위험은 어떻게 관리해야 하나요?

1. 금융자산 중 ETF 투자비율을 사전에 정해 둡니다.
예컨대 1천만원의 현금이 있다면 500만원만 ETF에 투자하고, 나머지 50%는 금융기관에 예금을 해두는 방법이 있습니다. 본의 아니게 자금이 묶이는 경우에 대비하는 것입니다.

2. 투자위험에 대비한 종목선정을 해야 합니다.
고위험 고수익 상품에 투자할 때는 합리적인 판단이 전제되어야 합니다. ETF 상품의 위험의 경중은 다음과 같습니다.

① 국내 ETF < 해외 ETF

환율 예측이 안 될 때는 해외 ETF는 하지 않는 게 좋아요. 주가가 올라도 환율이 떨어지면 말짱 꽝이에요!!

② 선진국 증시 < 이머징국가 증시

③ 시장대표지수 < 섹터(업종)지수, 스타일 지수
위험관리를 위해서는 시장대표지수에 70% 이상 비중을 두고, 30% 정도를 섹터(업종)
또는 스타일지수 ETF에 투자하는 것이 좋습니다.

3. 목표가와 손절매도 가격을 정해 두고 지켜야 합니다.
목표가에 도달하면 더 욕심내지 말고 미련없이 매도하고,
손절매도 가격에 오면 마음이 아프더라도 반드시 매도해야 합니다.
자기 나름의 투자원칙을 세워두고 기계적으로 매매하는 것을 최우선으로 삼아야 합니다.

12 차트 보는 안목이 생기면 주가를 예측한다
13 차트로 매매시점 파악하기 1
14 차트로 매매시점 파악하기 2
15 주가의 큰 흐름을 모르면 쪽박 차기 십상!
16 손해 보지 않는 주식투자 매매원칙

셋째
마당

비쌀 때 팔고,
쌀 때 사려면?

12 차트 보는 안목이 생기면 주가를 예측한다

* 눌림목 : 주가 상승 후 조정국면을 보이는 것을 말하며, 보통 재상승을 위한 에너지 비축기간으로 봅니다.

* 삼봉천정형 : 산봉우리 3개가 사람의 머리와 어깨처럼 그려진 그래프의 형태. 주가 하락의 전형적인 패턴입니다.

* 이동평균선 : 기간별로 주가의 평균가격을 선으로 이어 그린 것.
* 게임이론 : 상대방의 행동을 고려하면서 자기 이론을 극대화하기 위해 선택하는 행동을 수학적으로 분석하는 이론.

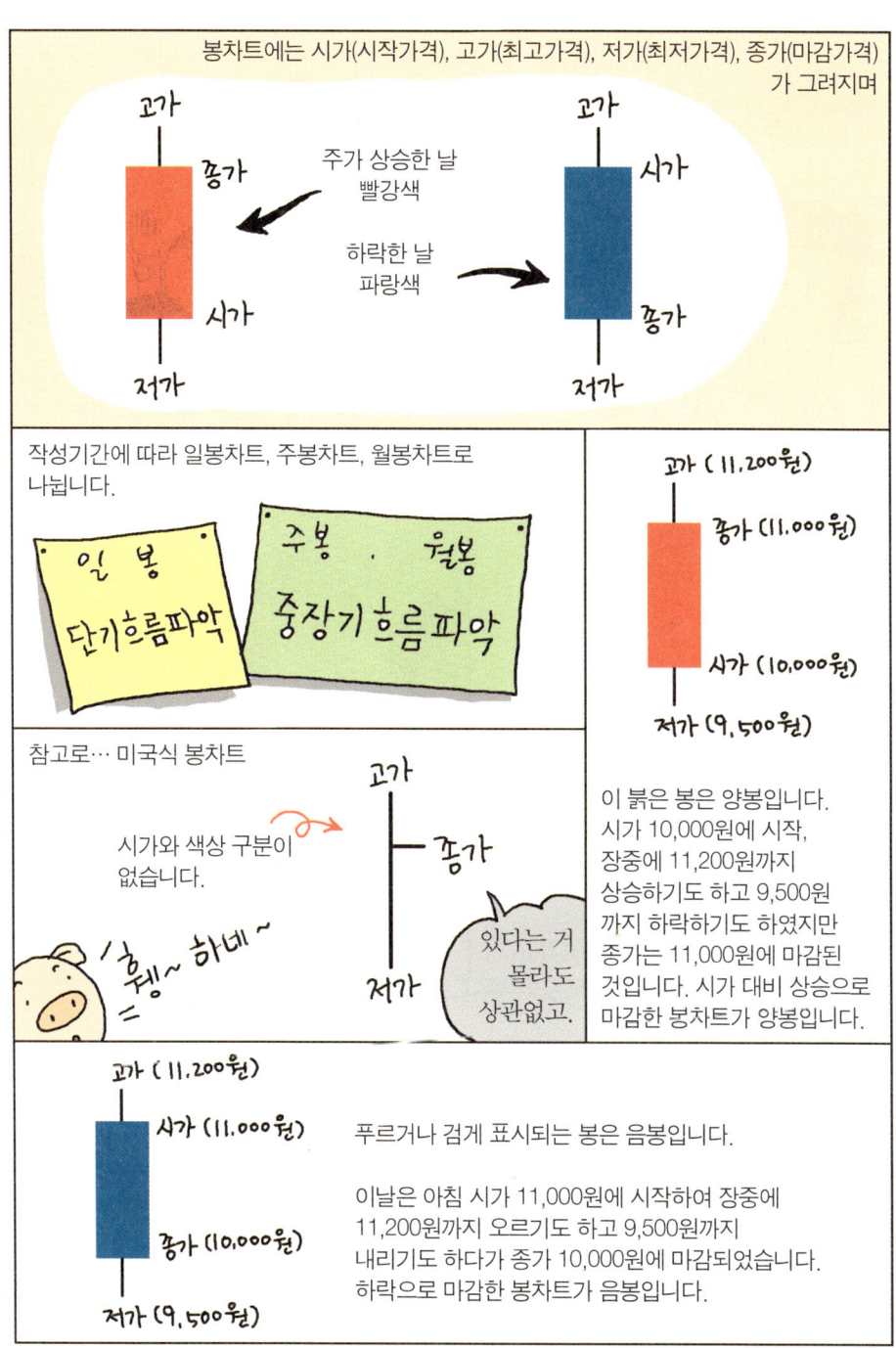

꼬리가 위에 달린 양봉은 전일보다 주가가 상승하였지만 고가에서 매도세력에 밀려 종가는 장중 고가보다 낮은 가격에 끝났다는 것을 의미합니다.

위꼬리가 길 경우 주가가 반락할 가능성이 있으니 보유하되 방향전환 가능성을 검토하는 게 좋습니다.

매수세력과 매도세력이 균형 있게 맞서면

주가가 소폭의 등락을 보이며 시가와 종가의 차이가 없습니다.

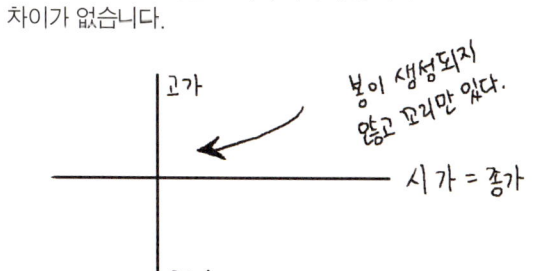

양봉과 반대로 강한 음봉은 매도세가 강하다는 것을 나타냅니다.

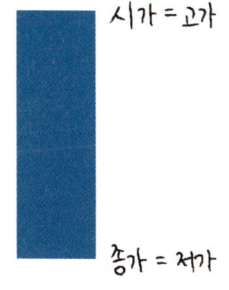

높은 상승 후 긴 하락이 나타날 경우에는 하락국면으로 방향이 전환되는 경우가 많습니다.

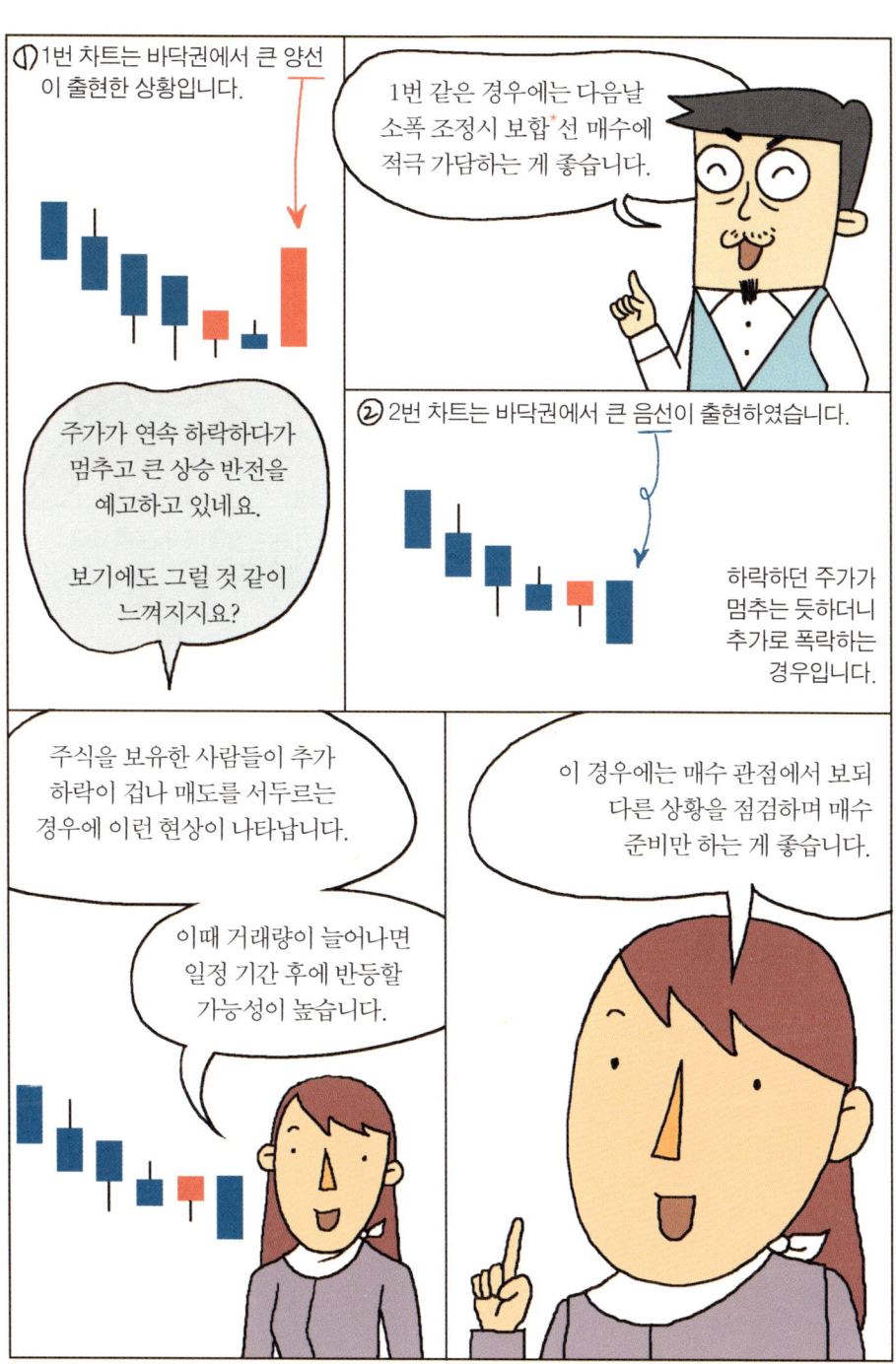

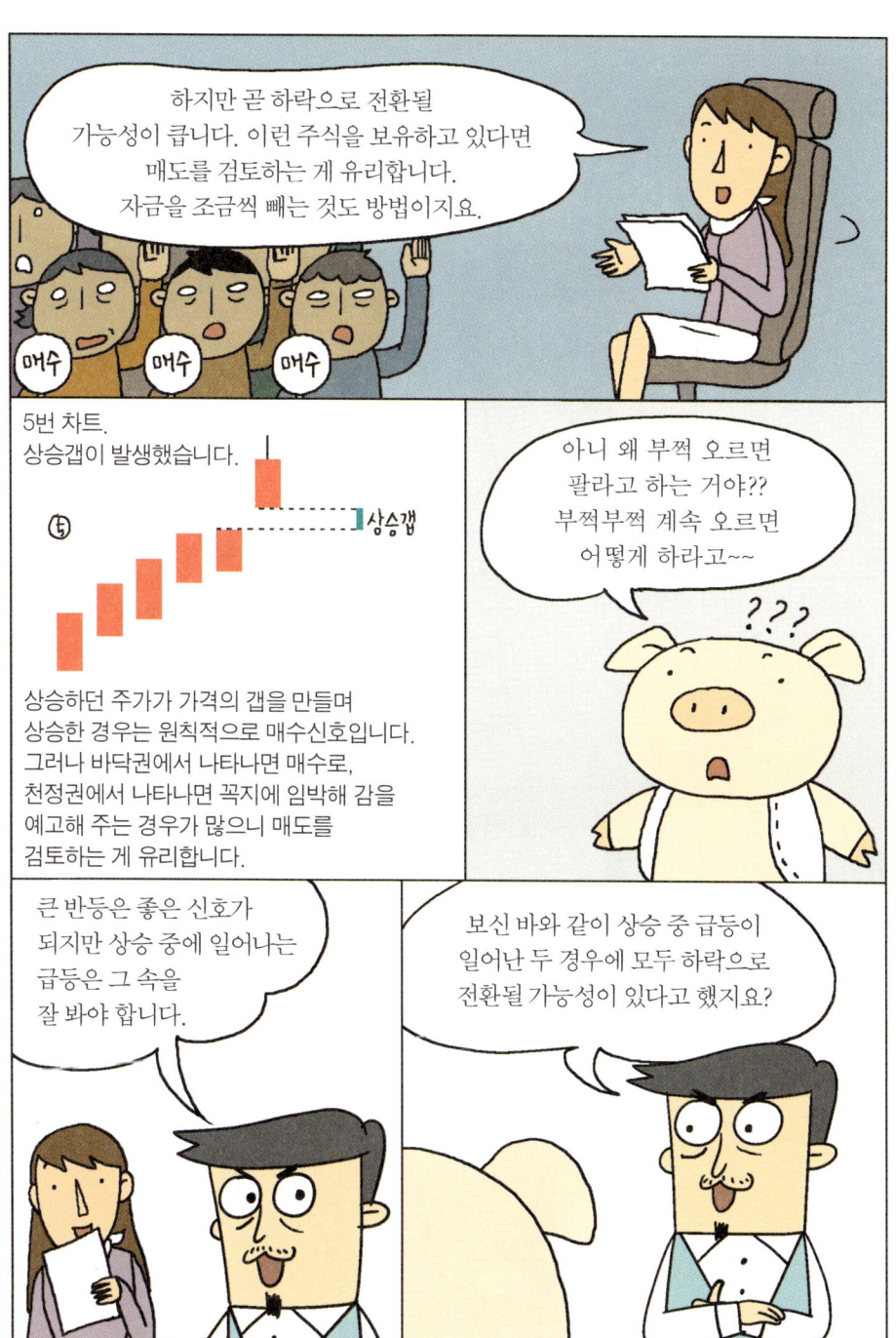

13 차트로 매매시점 파악하기 1

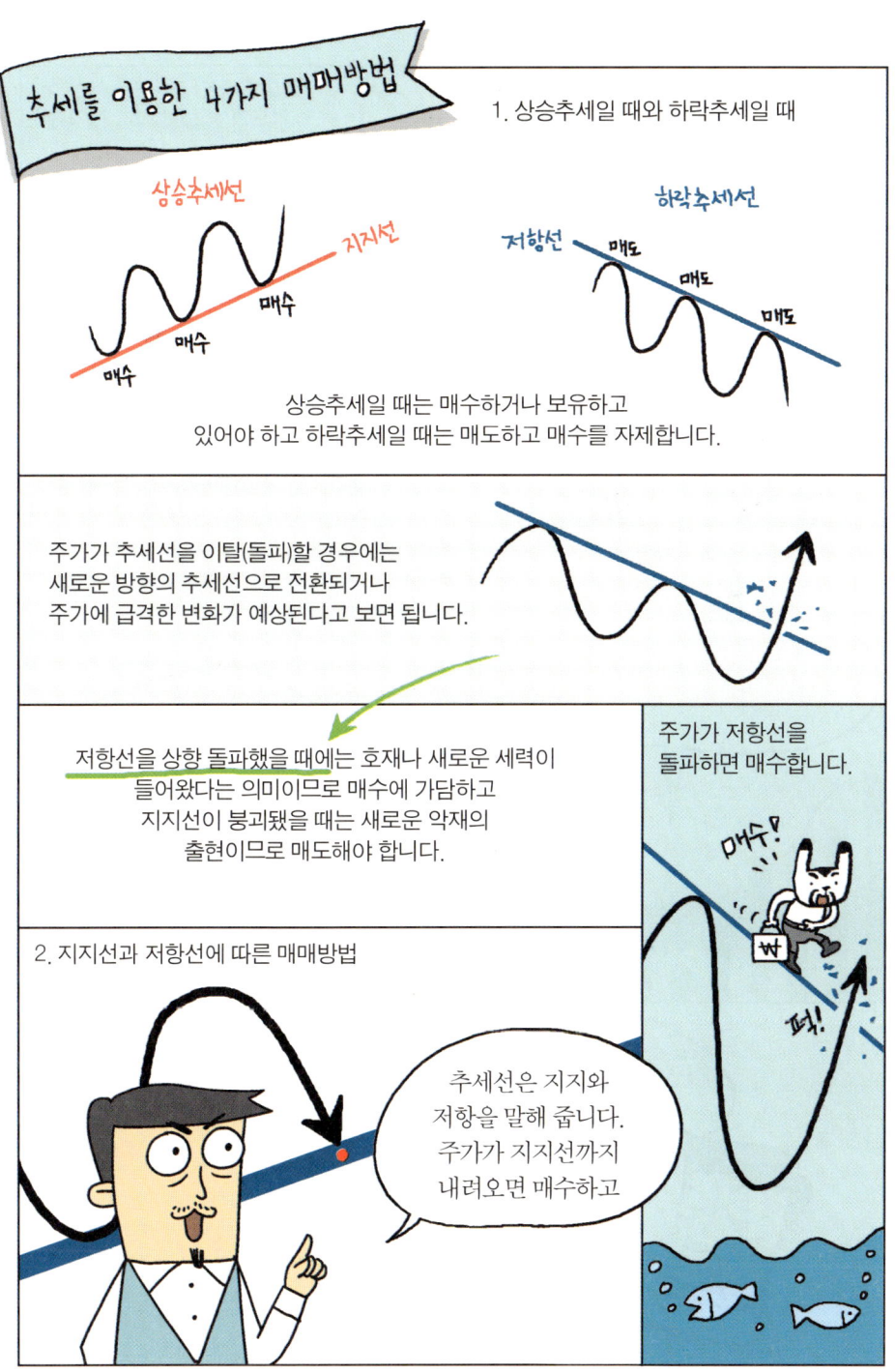

돌발퀴즈 ★추세선을 보고 빈 칸을 채워보자!

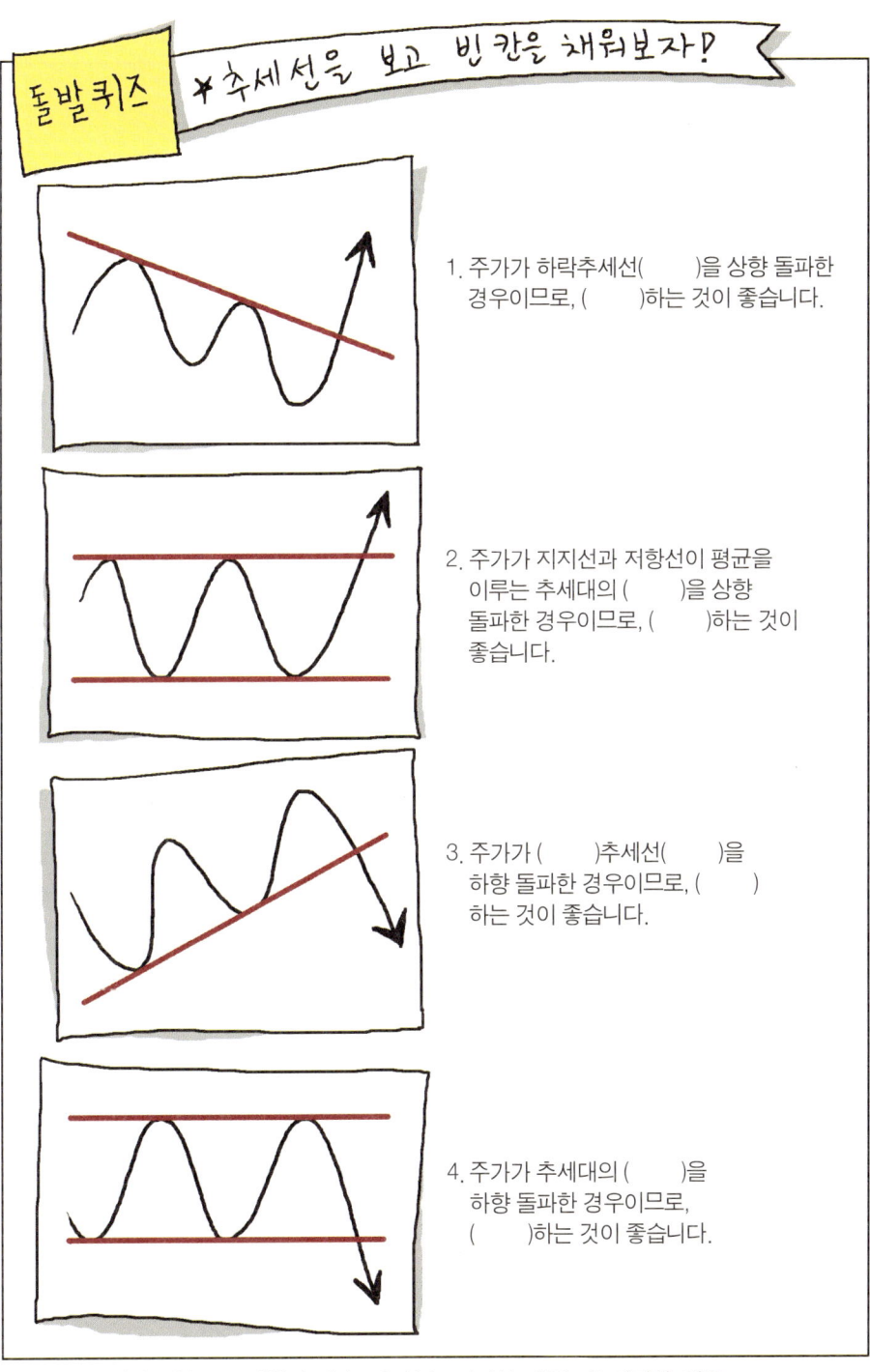

1. 주가가 하락추세선(　　)을 상향 돌파한 경우이므로, (　　)하는 것이 좋습니다.

2. 주가가 지지선과 저항선이 평균을 이루는 추세대의 (　　)을 상향 돌파한 경우이므로, (　　)하는 것이 좋습니다.

3. 주가가 (　　)추세선(　　)을 하향 돌파한 경우이므로, (　　)하는 것이 좋습니다.

4. 주가가 추세대의 (　　)을 하향 돌파한 경우이므로, (　　)하는 것이 좋습니다.

정답 : ① 저항선, 매수 ② 저항선, 매수 ③ 상승, 지지선, 매도 ④ 지지선, 매도

5일 이동평균지수 산출 가정

날 짜	1	2	3	4	5	6	7
주 가	10	11	20	13	14	9	15
5일 이동평균지수	—	—	—	—	①	②	③

최근 5일간의 주가를 더하여 5로 나누어 구합니다.

① 5일자 이동평균지수 = (10 + 11 + 20 + 13 + 14) ÷ 5 = 13.6
② 6일자 이동평균지수 = (11 + 20 + 13 + 14 + 9) ÷ 5 = 13.4
③ 7일자 이동평균지수 = (20 + 13 + 14 + 9 + 15) ÷ 5 = 14.2

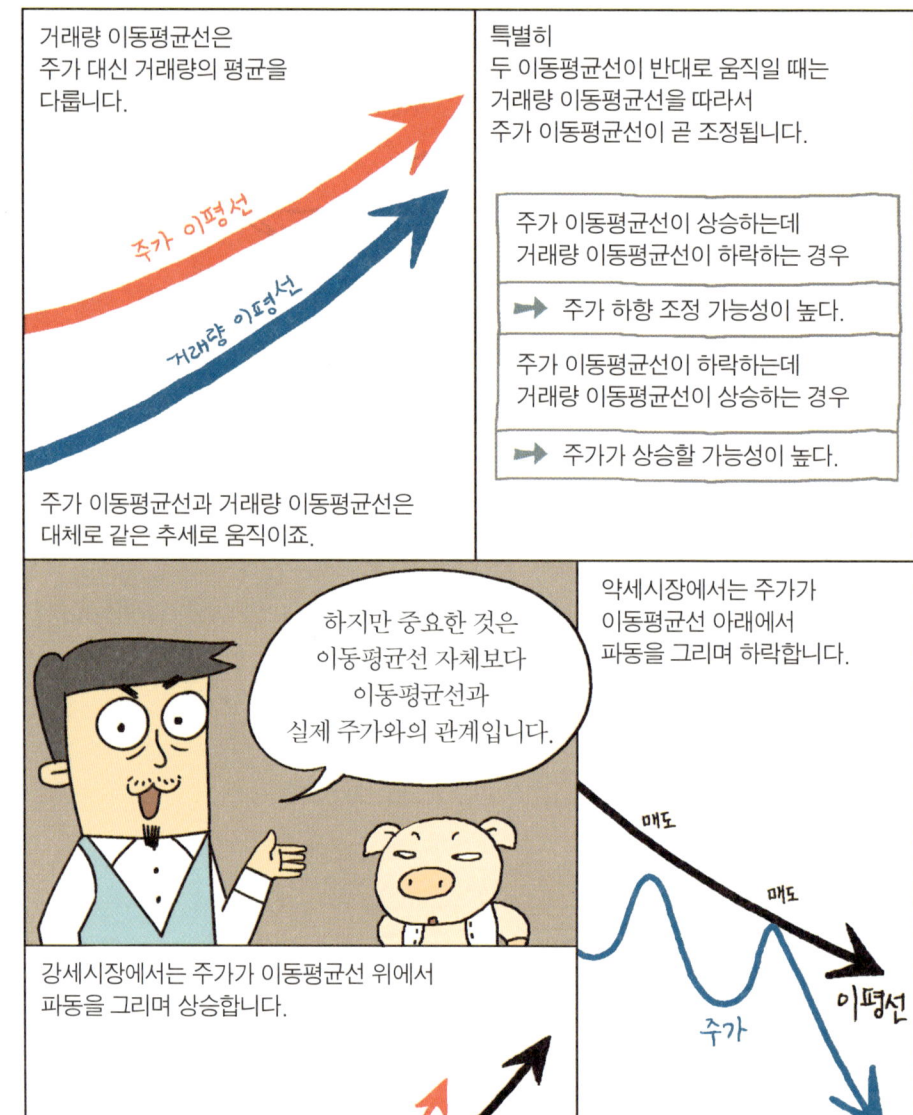

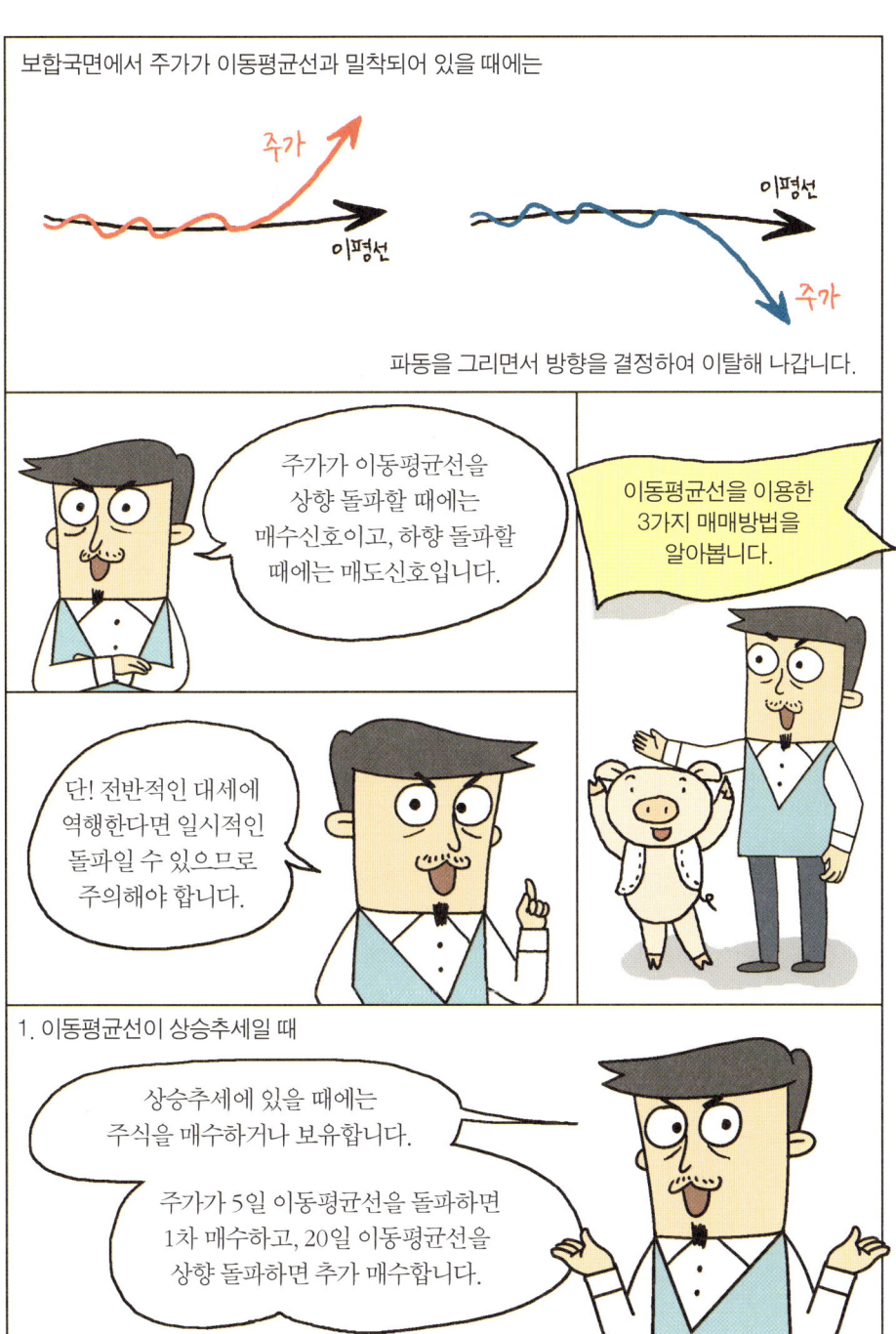

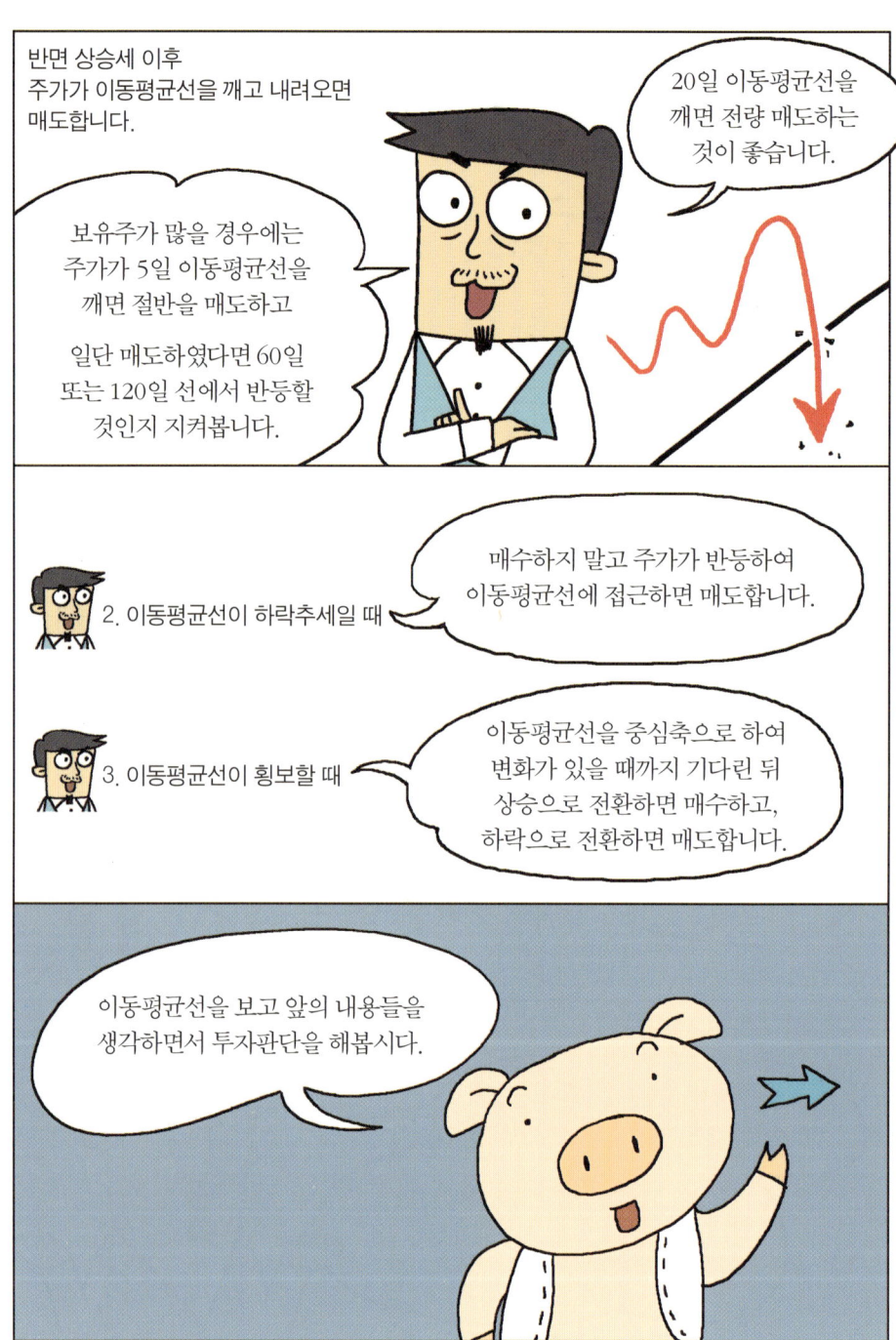

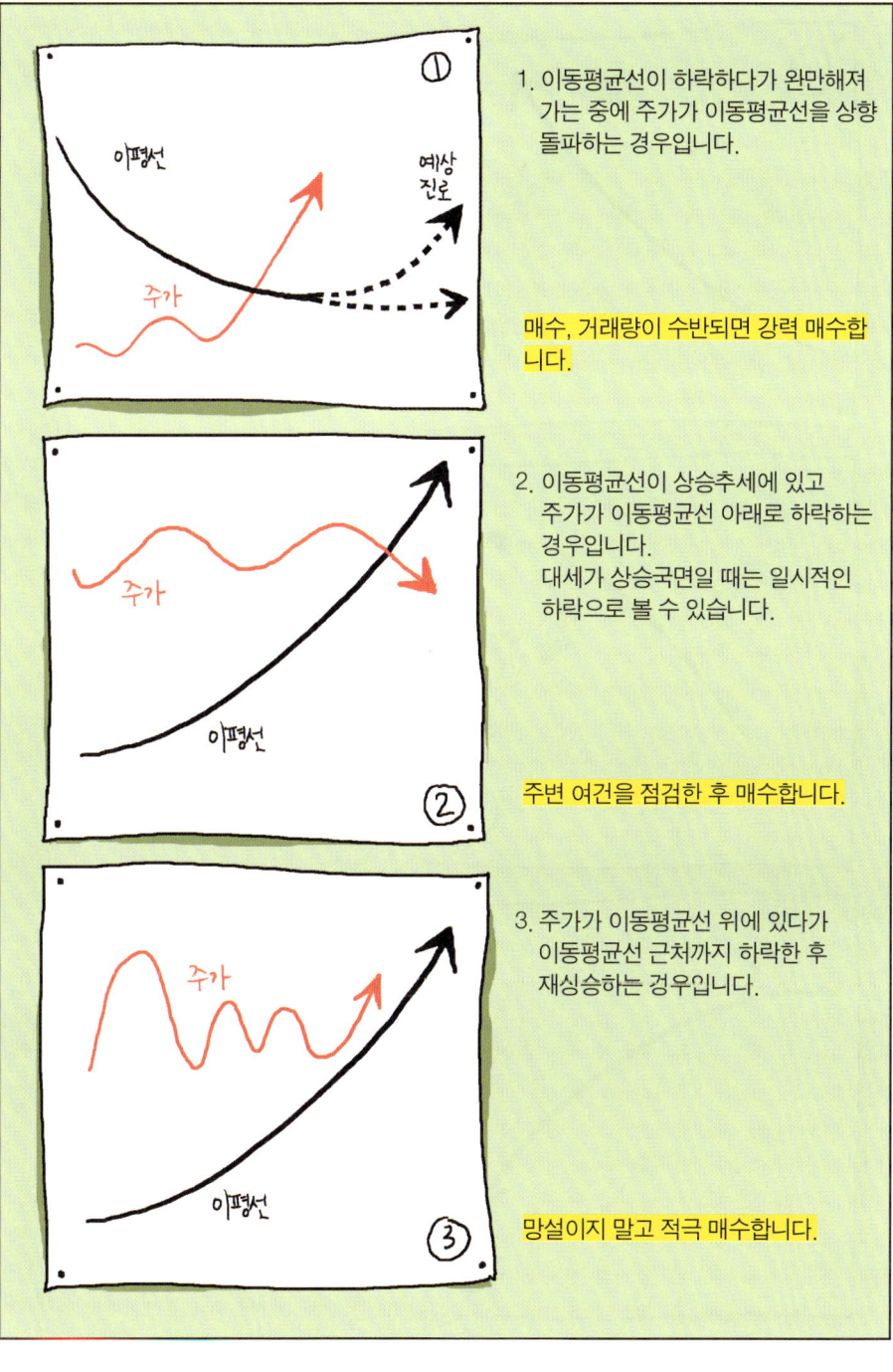

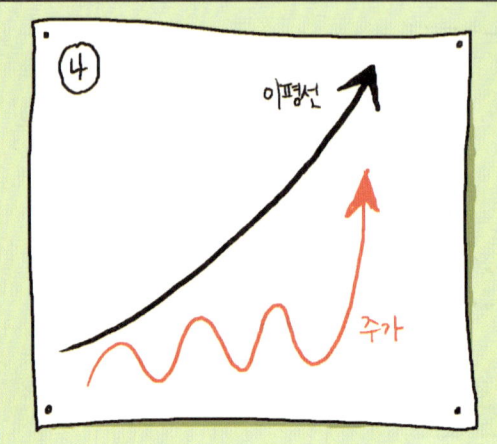

4. 주가가 이동평균선 밑에서 급락한 후 상승중인 이동평균선으로 접근하는 경우입니다.

단기 매수합니다.

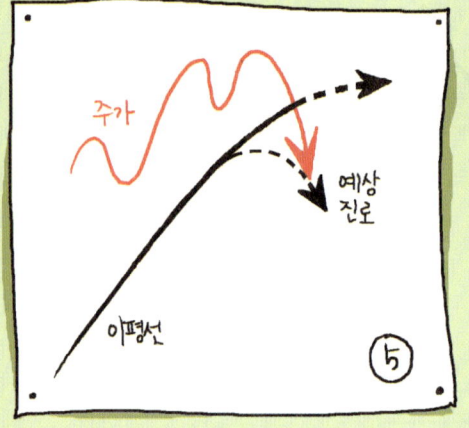

5. 이동평균선이 상승하다가 횡보 상태에 있을 때 주가가 이동평균선을 하향 돌파하는 경우입니다.
2의 경우와 달리 이동평균선의 상승추세가 멈추고 예상진로가 하락한다는 것에 주목해야 합니다.

강력 매도신호입니다.

6. 이동평균선의 하락추세가 이어지고 있는 가운데 주가가 이동평균선을 일시적으로 상향 돌파하는 경우입니다.

매도합니다.

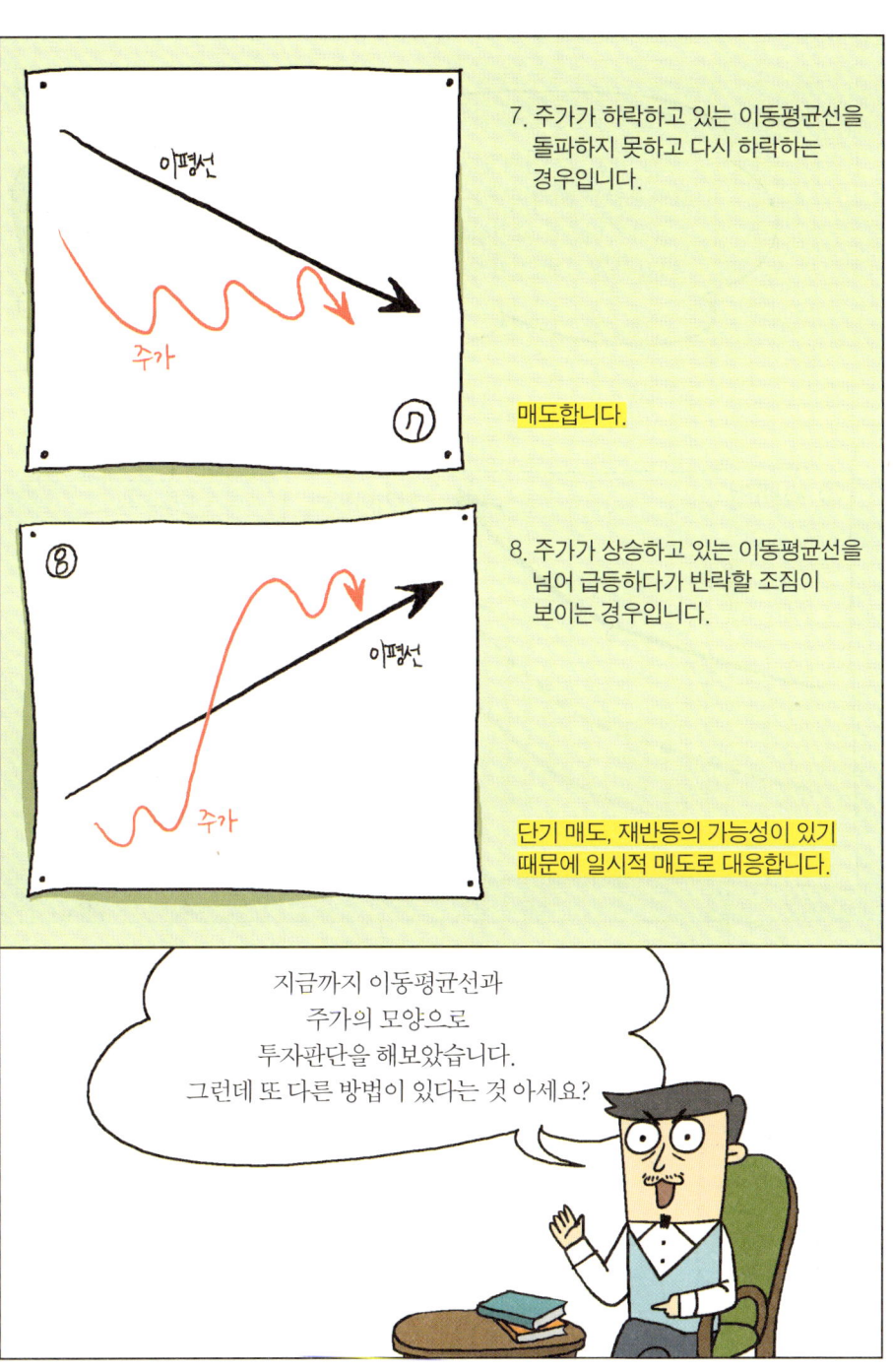

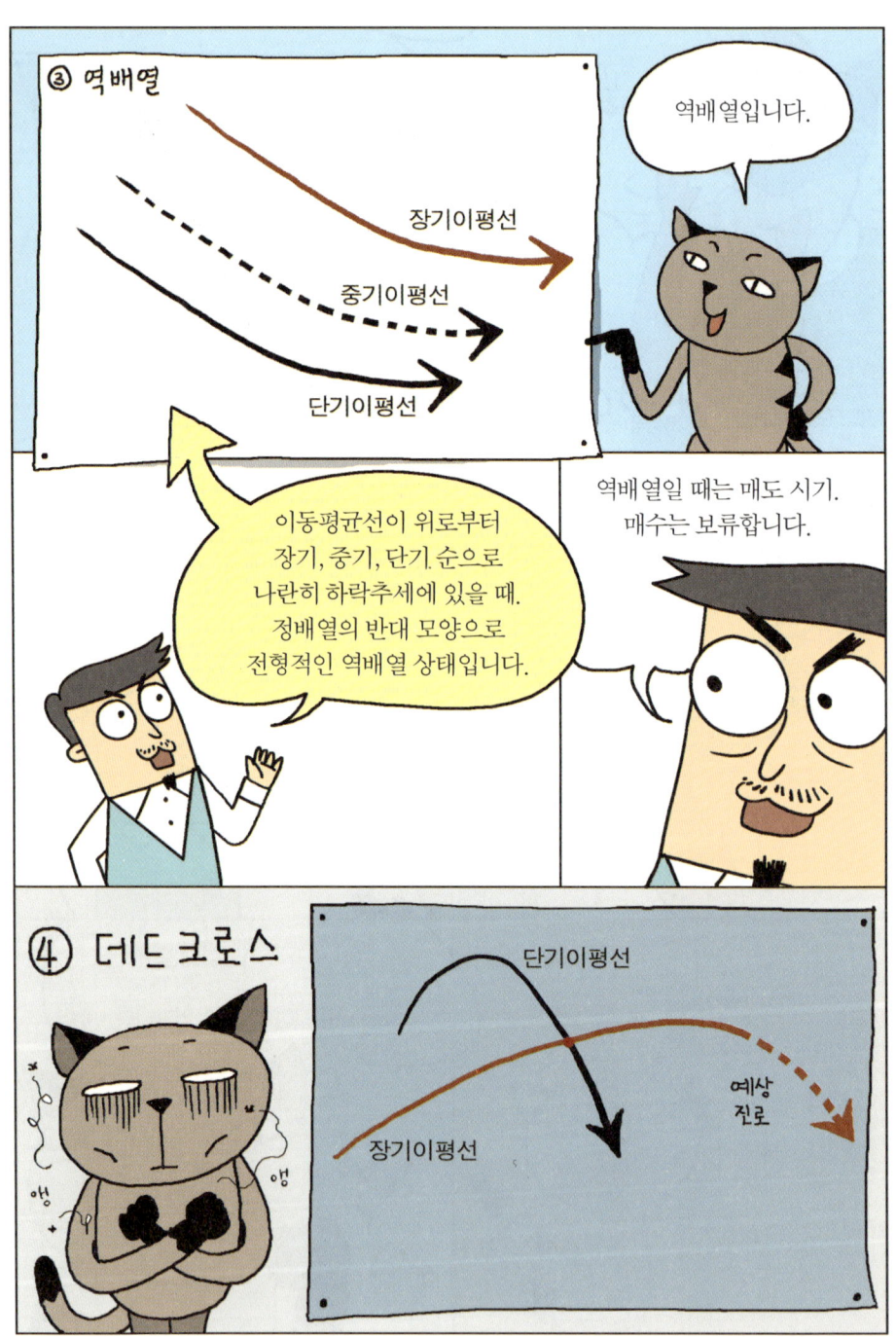

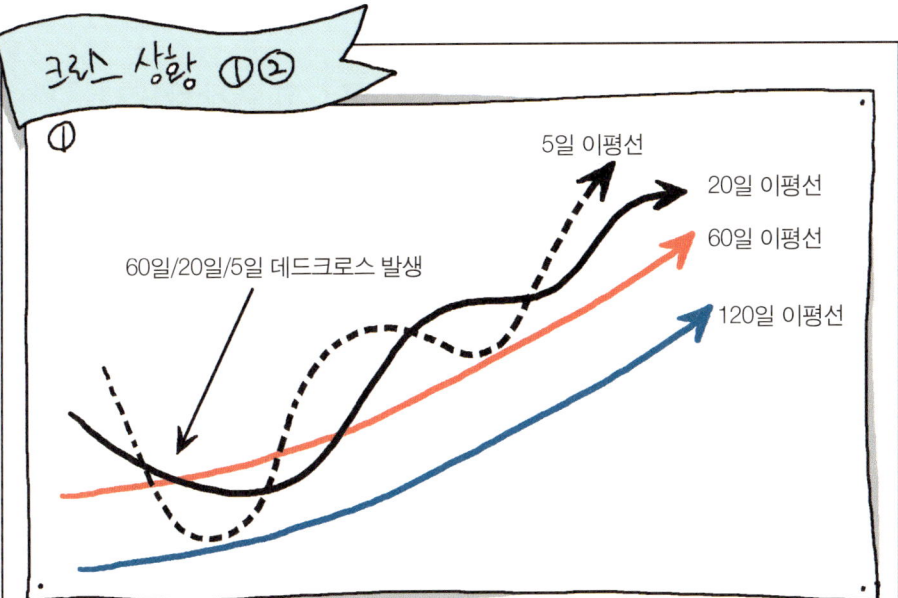

60일선, 20일선, 5일선이 데드크로스를 만들고 있지만 중장기 이동평균선이 상승중이기 때문에 오히려 매수시점이 되고 있습니다.

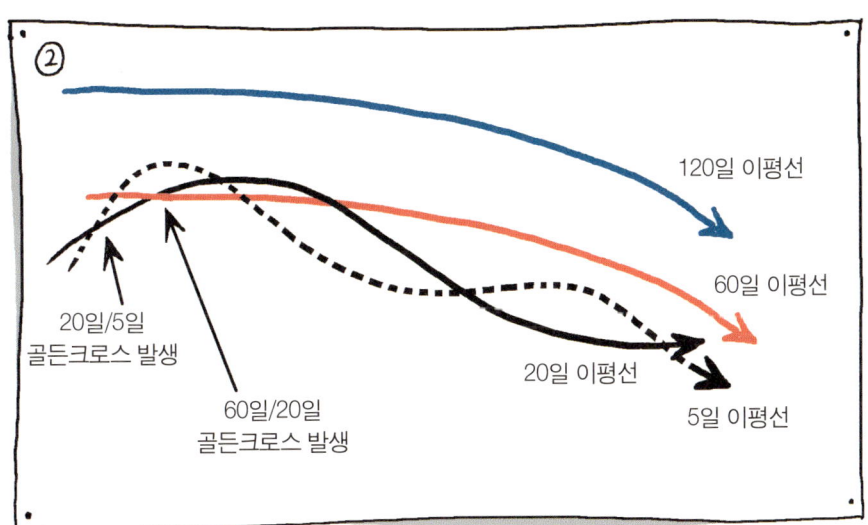

이번에는 20일/5일선, 그리고 60일/20일선이 골든크로스를 만들고 있지만 중장기 이동평균선인 120일선과 60일선이 하락추세에 있으므로 오히려 매도시점이 되고 있습니다.

14 차트로 매매시점 파악하기 2

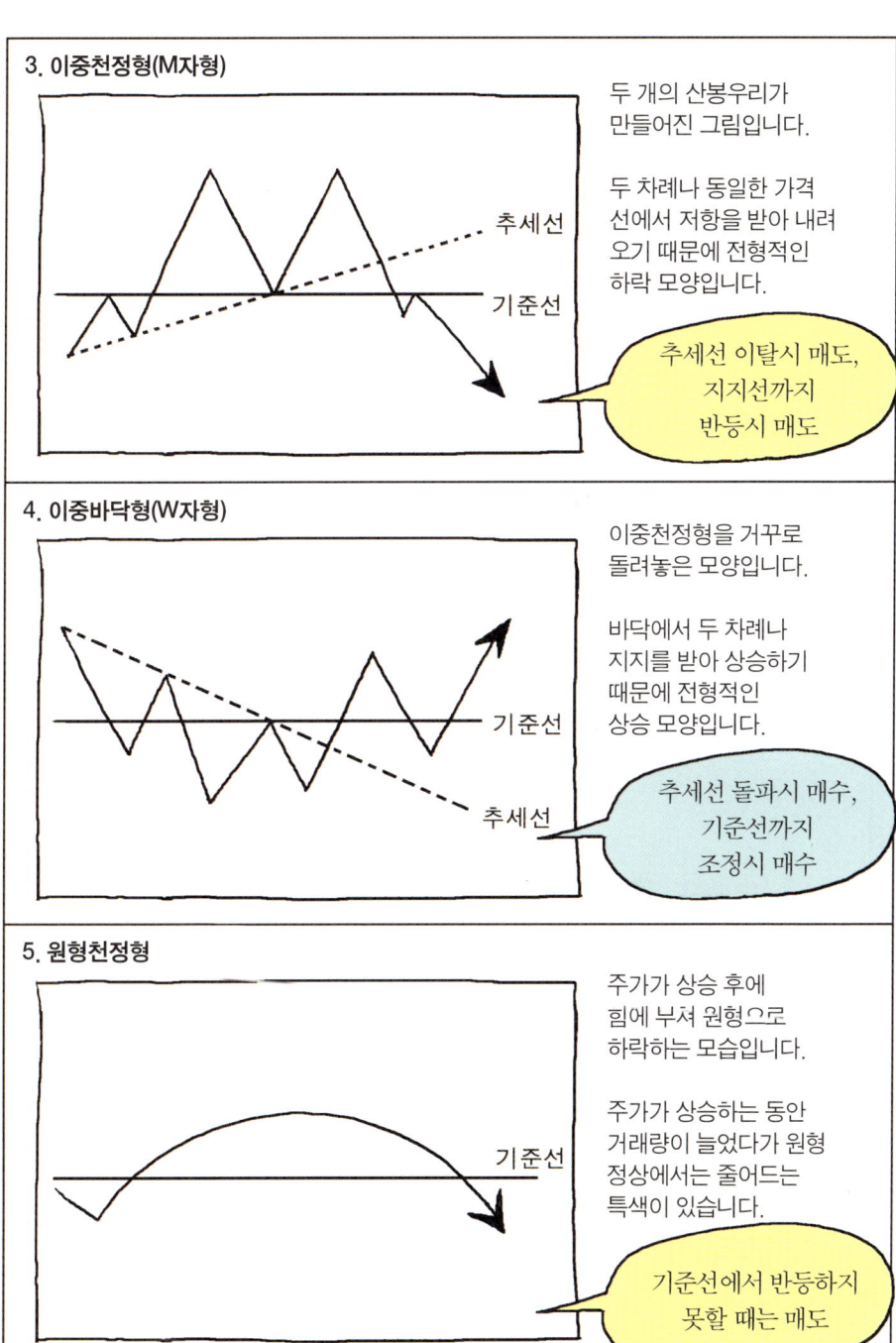

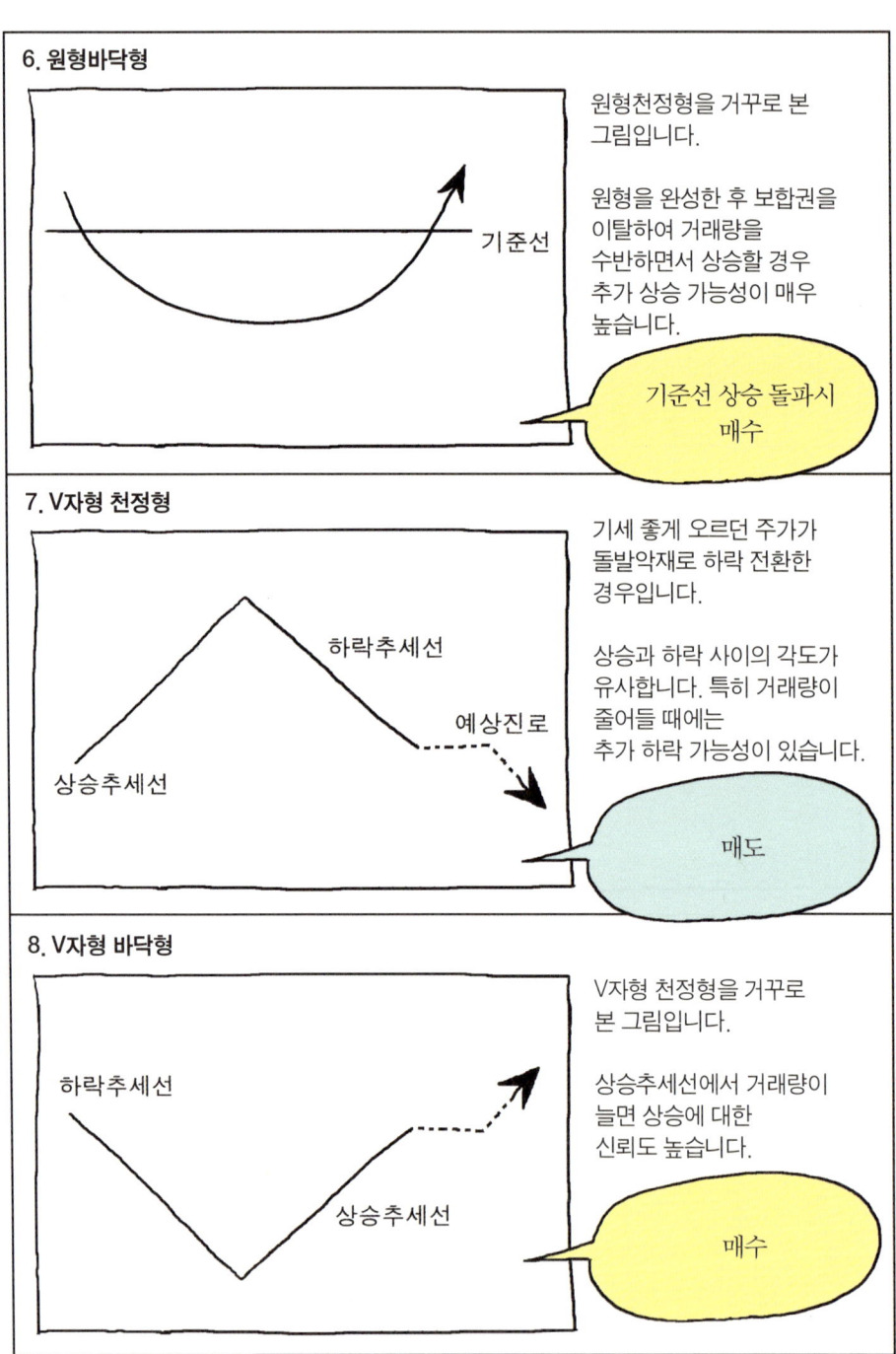

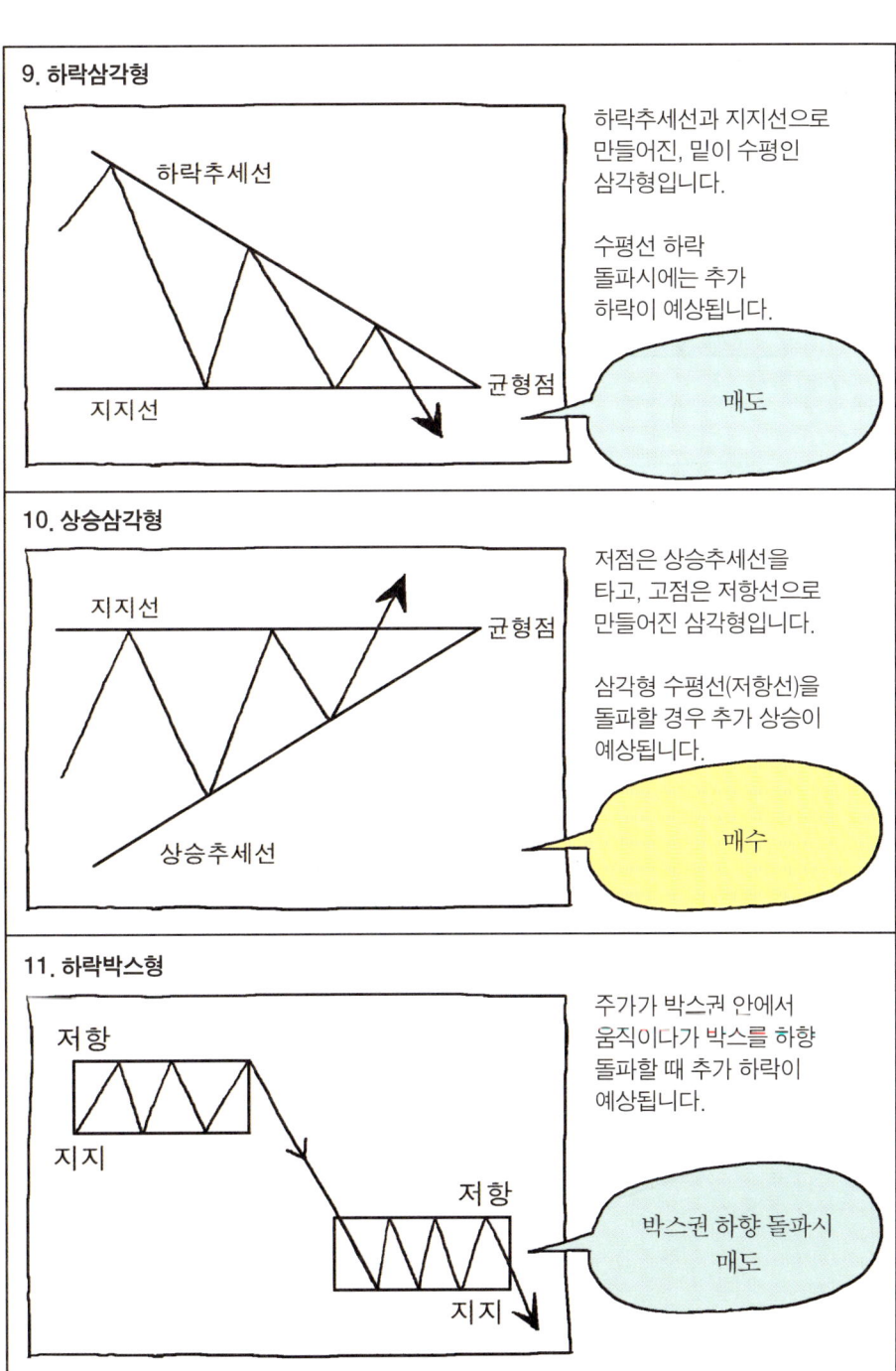

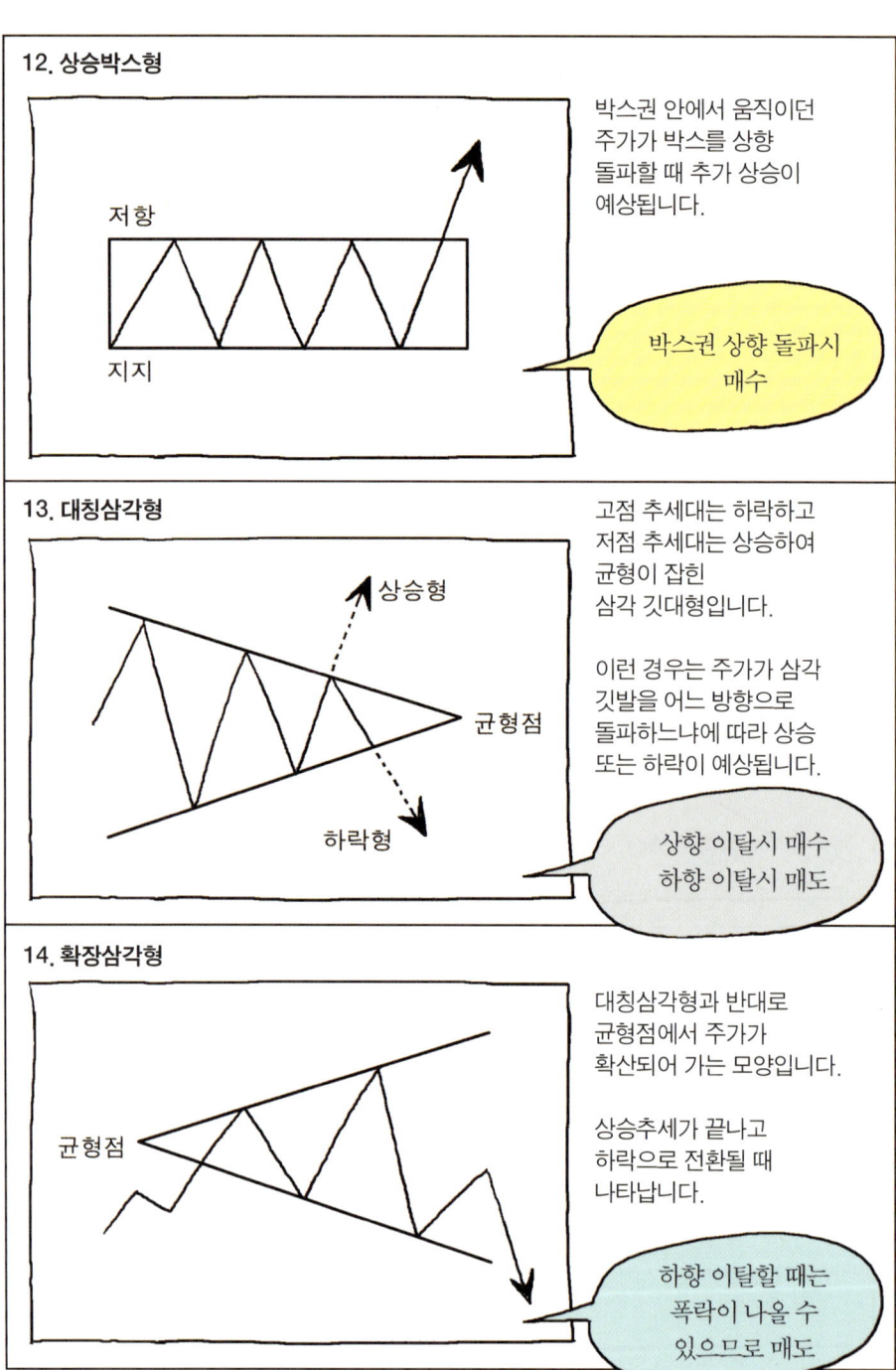

돌발퀴즈 2. 다음은 ××제약의 일봉 그래프입니다.
거래량만 보고 매수시점과 매도시점을 찾아보세요.

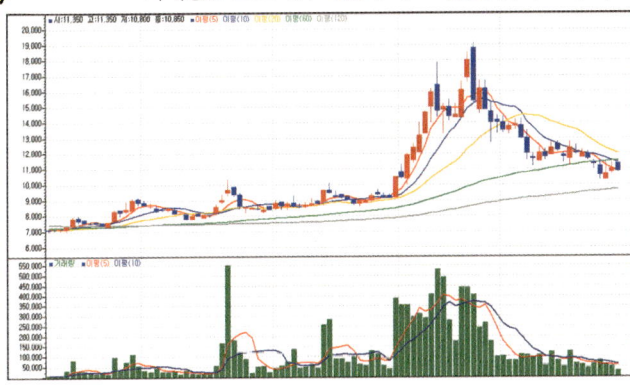

해설

매수시점 ⓐ : 바닥권에서 대량거래가 나타나 주가 상승을 예고하고 있습니다 (선행거래량). 거래량을 보고 8,000원~9,000원에 매수한 투자자의 경우 2개월 후 주가 상승으로 큰 수익을 거둘 수 있었습니다.

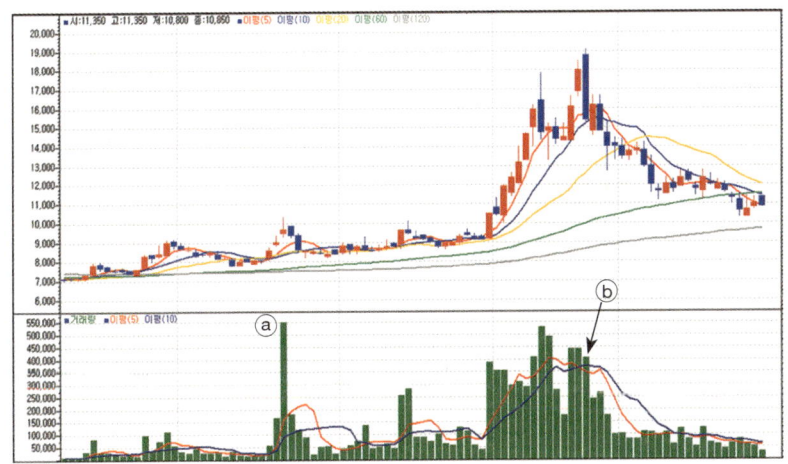

매도시점 ⓑ : 이동평균선의 기울기가 가팔라지면서 대량거래가 이루어질 때는 매도를 검토하여야 합니다.

기울기가 가팔라지지만 거래량은 감소를 보이고 있기 때문입니다.

* 변동성지표 : 주가의 변동성을 알아보는 지표입니다.
* 시장강도지표 : 주가의 추세나 변동성이 얼마나 강한가를 나타내는 지표입니다.

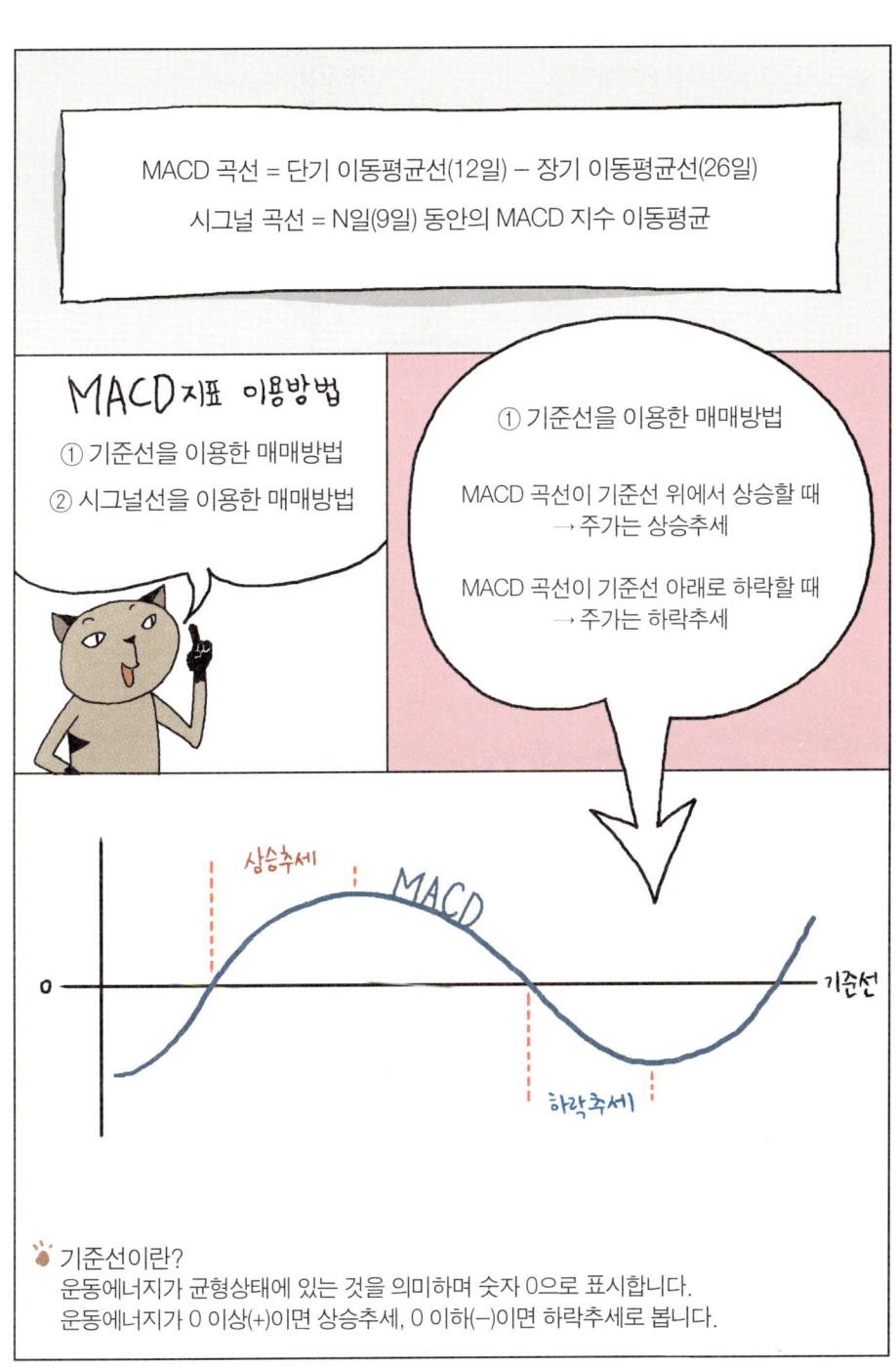

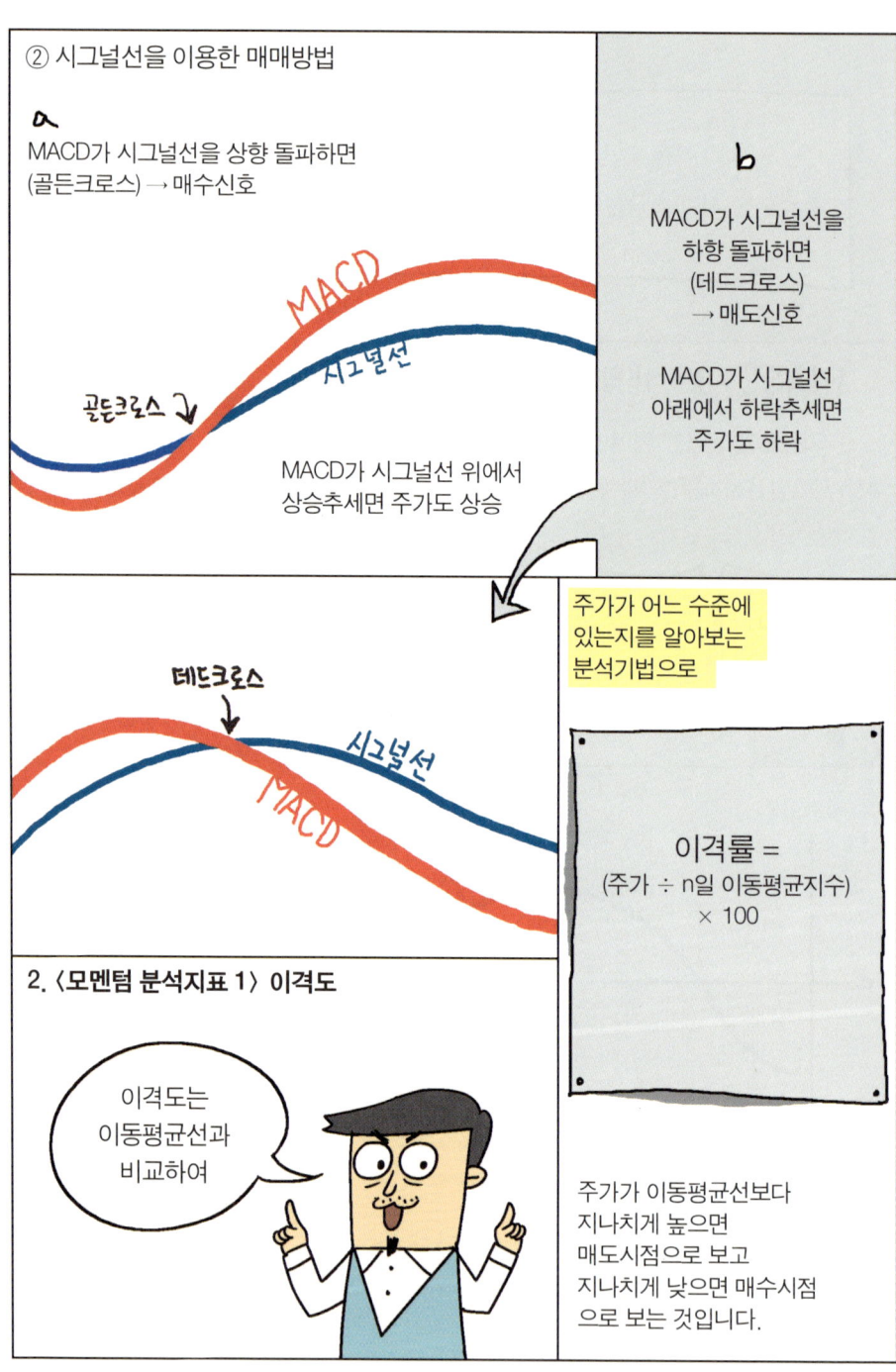

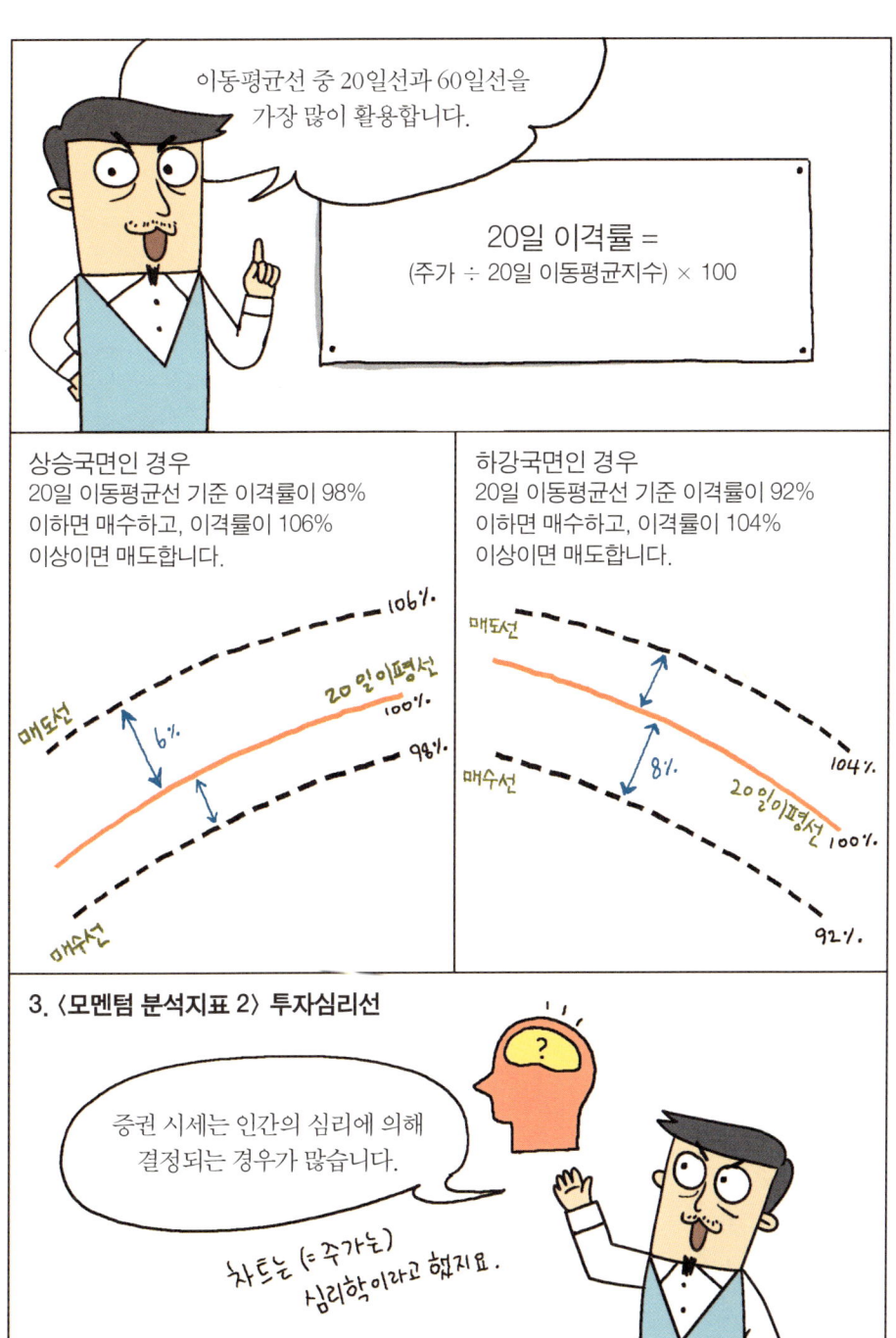

투자심리선 =
(최근 10일간 전일 대비 상승일수 ÷ 10일) × 100

투자심리선 투자포인트 ★

투자심리선이 25% 이하인 경우 침체권이므로 매수
투자심리선이 75% 이상인 경우 과열권이므로 매도
투자심리선이 25% 이하에서 상승 반전하는 경우 매수
투자심리선이 75% 이상에서 하향 반전하는 경우 매도

4. 〈모멘텀 분석지표 3〉 P&F차트

P&F차트는 사소한 주가 변동을 차트에서 제외시킴으로써 주가의 주요 추세를 파악하여 투자시점을 찾고

매매시점과 목표치를 계산할 수 있고 장기간에 걸친 주가 추이를 한눈에 알 수 있다는 장점이 있는 반면

주가의 상승폭 또는 하락폭을 사전에 예측하는 데 활용합니다.

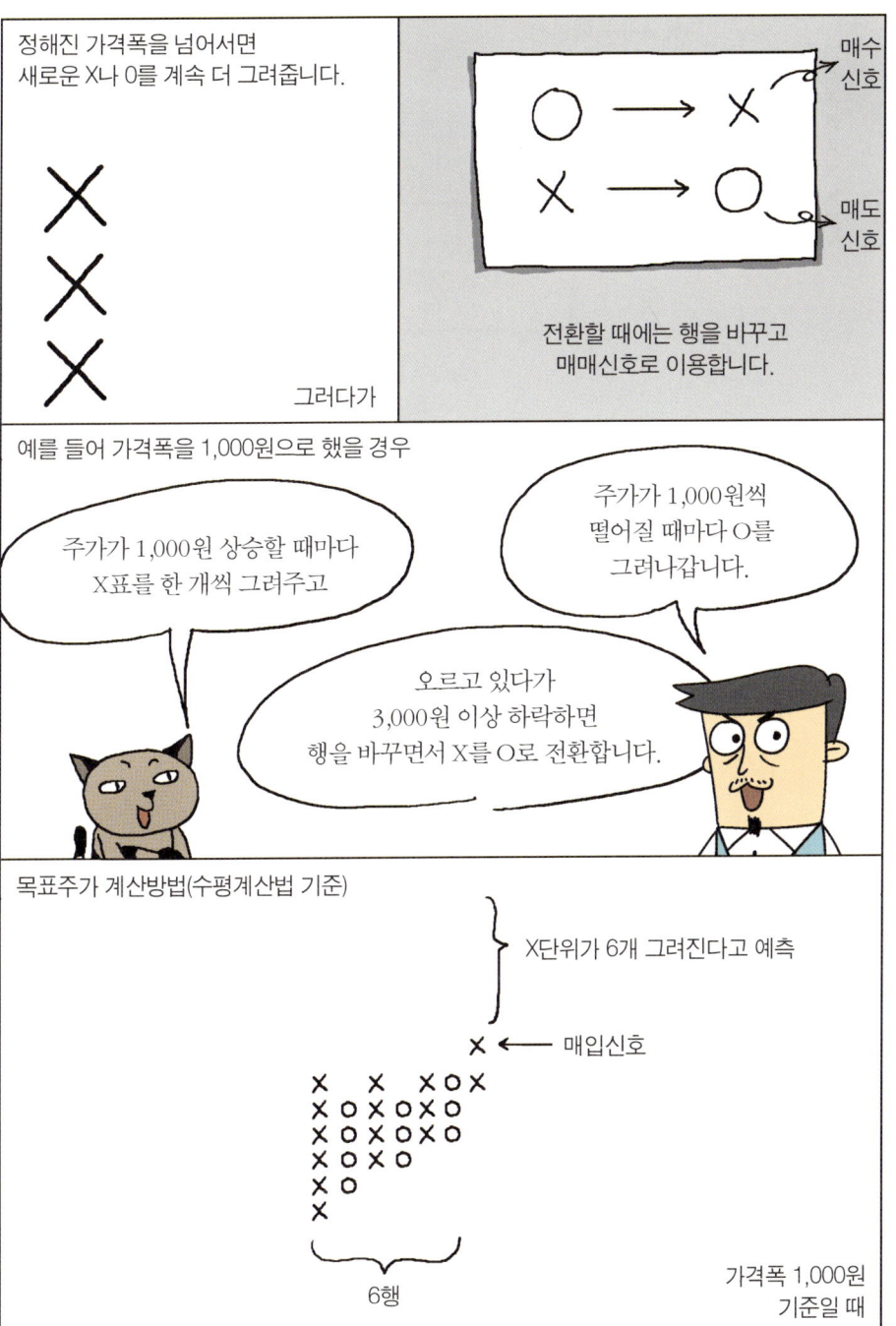

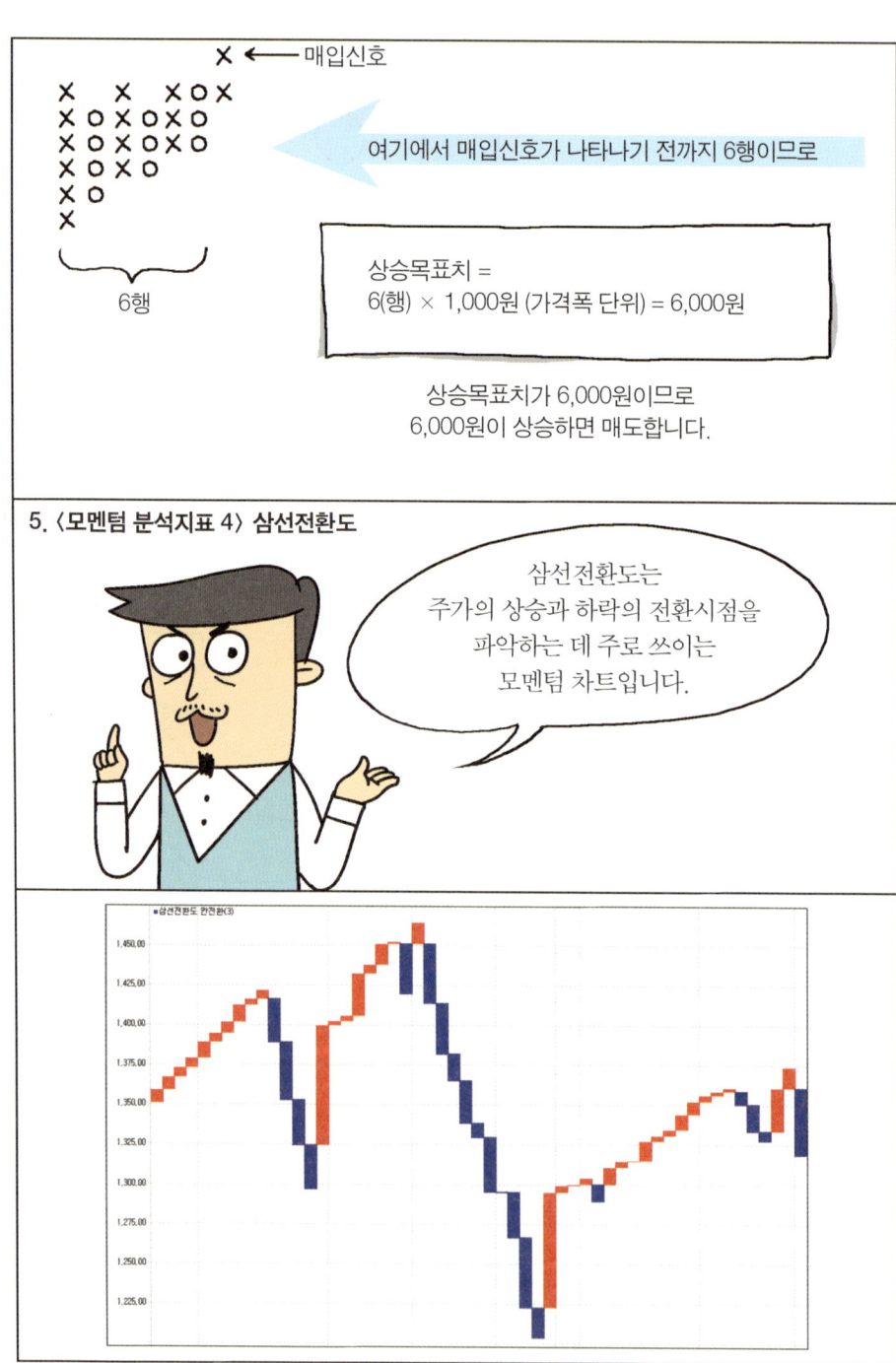

6. 〈모멘텀 분석지표 5〉 Stochastic Fast & Slow

Stochastic Fast & Slow는 현재 주가 수준이 전체적인 주가 흐름에서 어떤 단계에 위치하는지를 알아봄으로써 미래의 주가를 예측하는 분석기법입니다.

Stochastic Fast & Slow 계산방법

$$\%K = \frac{당일\ 종가 - 최근\ n일\ 동안의\ 최저가}{최근\ n일\ 동안의\ 최고가 - 최근\ n일\ 동안의\ 최저가} \times 100$$

%D = %K의 이동평균선

Slow%K = Fast%D = Fast%K를 지수 이동평균한 값

Slow%D = Fast%D를 지수 이동평균한 값

Stochastic Fast & Slow 활용방법

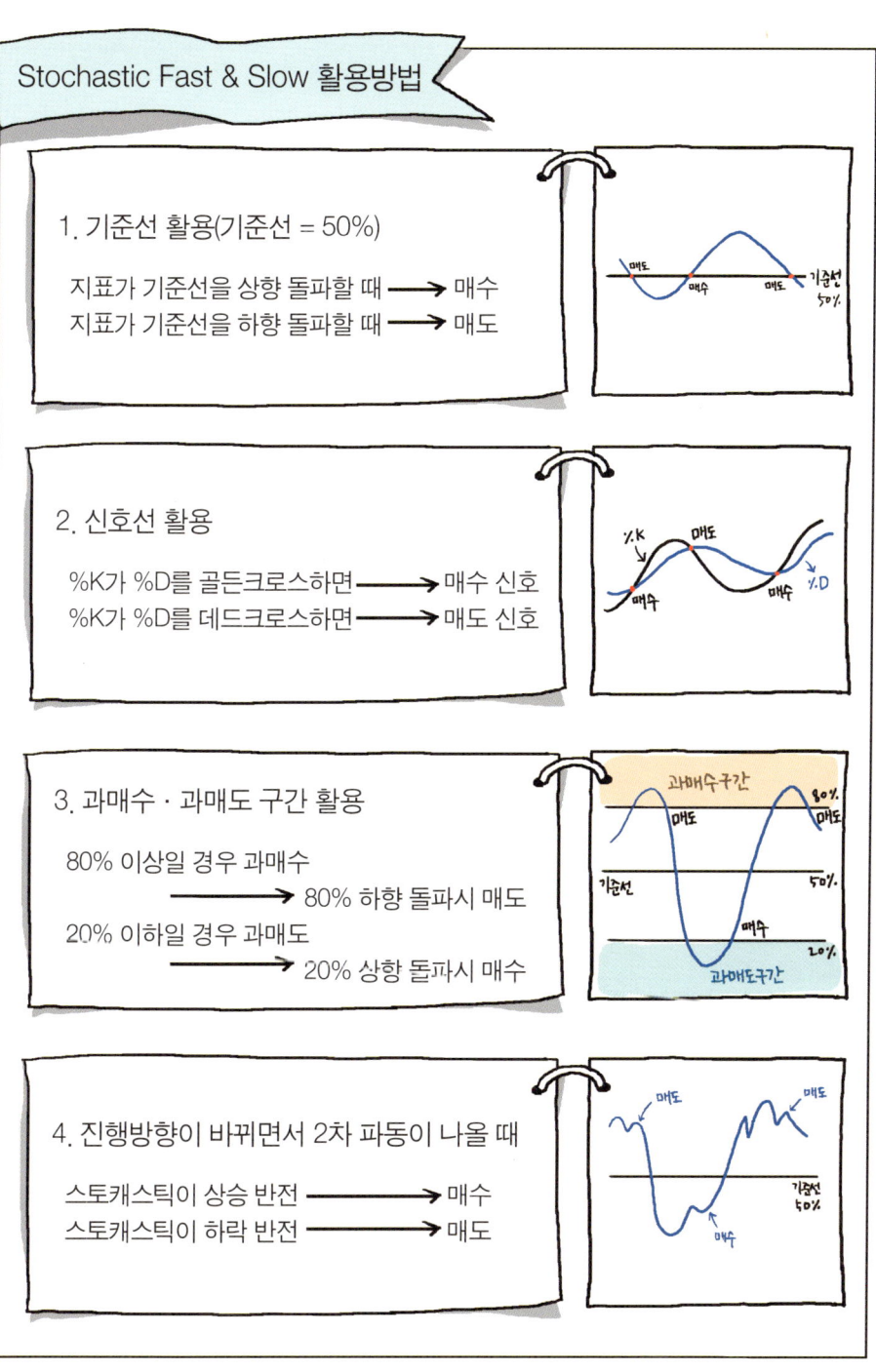

1. 기준선 활용(기준선 = 50%)

   지표가 기준선을 상향 돌파할 때 ⟶ 매수
   지표가 기준선을 하향 돌파할 때 ⟶ 매도

2. 신호선 활용

   %K가 %D를 골든크로스하면 ⟶ 매수 신호
   %K가 %D를 데드크로스하면 ⟶ 매도 신호

3. 과매수·과매도 구간 활용

   80% 이상일 경우 과매수
   ⟶ 80% 하향 돌파시 매도
   20% 이하일 경우 과매도
   ⟶ 20% 상향 돌파시 매수

4. 진행방향이 바뀌면서 2차 파동이 나올 때

   스토캐스틱이 상승 반전 ⟶ 매수
   스토캐스틱이 하락 반전 ⟶ 매도

15 주가의 큰 흐름을 모르면 쪽박 치기 십상!

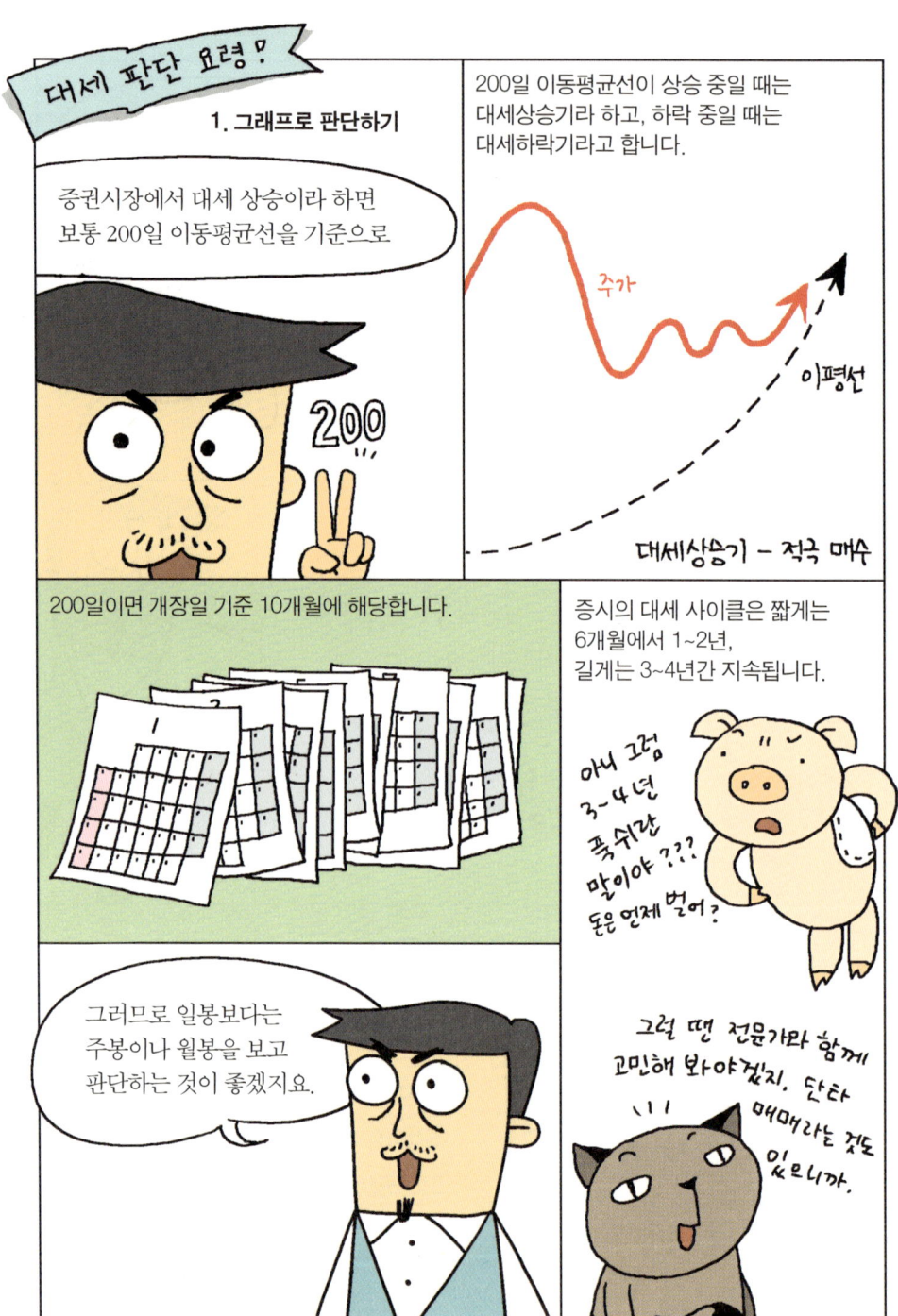

1, 2, 3, 5, 8, 13, 21, 34, 55, 89, 144…

로 나가는 수열입니다.

이 숫자들의 특징은

첫번째,
이어지는 두 숫자를 더하면 다음 숫자가 됩니다.

두번째,
어느 숫자든 하나 건너 숫자로 나누면 그 값은 0.3819에 근접합니다.

$5 ÷ 13 = 0.384615$

세번째,
한 숫자를 바로 앞의 숫자로 나누면 그 값이 1.618에 근접

네번째,
한 숫자를 하나 건너 앞의 숫자로 나누면 그 값은 점점 2.618에 근접합니다.

다섯번째,
1.618의 역수는 0.618이 되고 2.618의 역수는 0.382가 됩니다.

피보나치 숫자들은 자연 속에서 찾을 수 있는 경우가 많으며 서양에서는 이 숫자에 따르면 마음이 평온해 진다고 하여

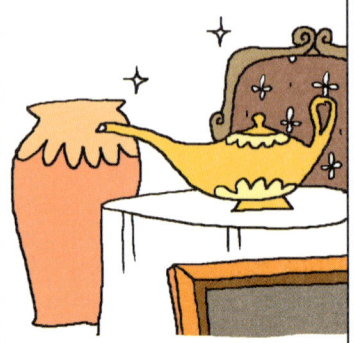

각종 예술작품과 생활용품에 응용되고 있습니다.

엘리어트 파동이론에 의하면
1번, 3번, 5번 파동은
상승 움직임을 보이고
2번과 4번 파동은
조정 파동의 역할을 하게 되어
하락 움직임을 보인다고 합니다.

그리고 5번까지의 움직임이 끝나면 a, b, c 파동으로 구성되는 하락추세가 이어지는데 a, c 파동은 하락하고 b파동은 조정 파동으로 상승한다고 봅니다.

오! 이런 내추럴한 법칙이라면 누구나 써먹을 수 있겠는 걸?

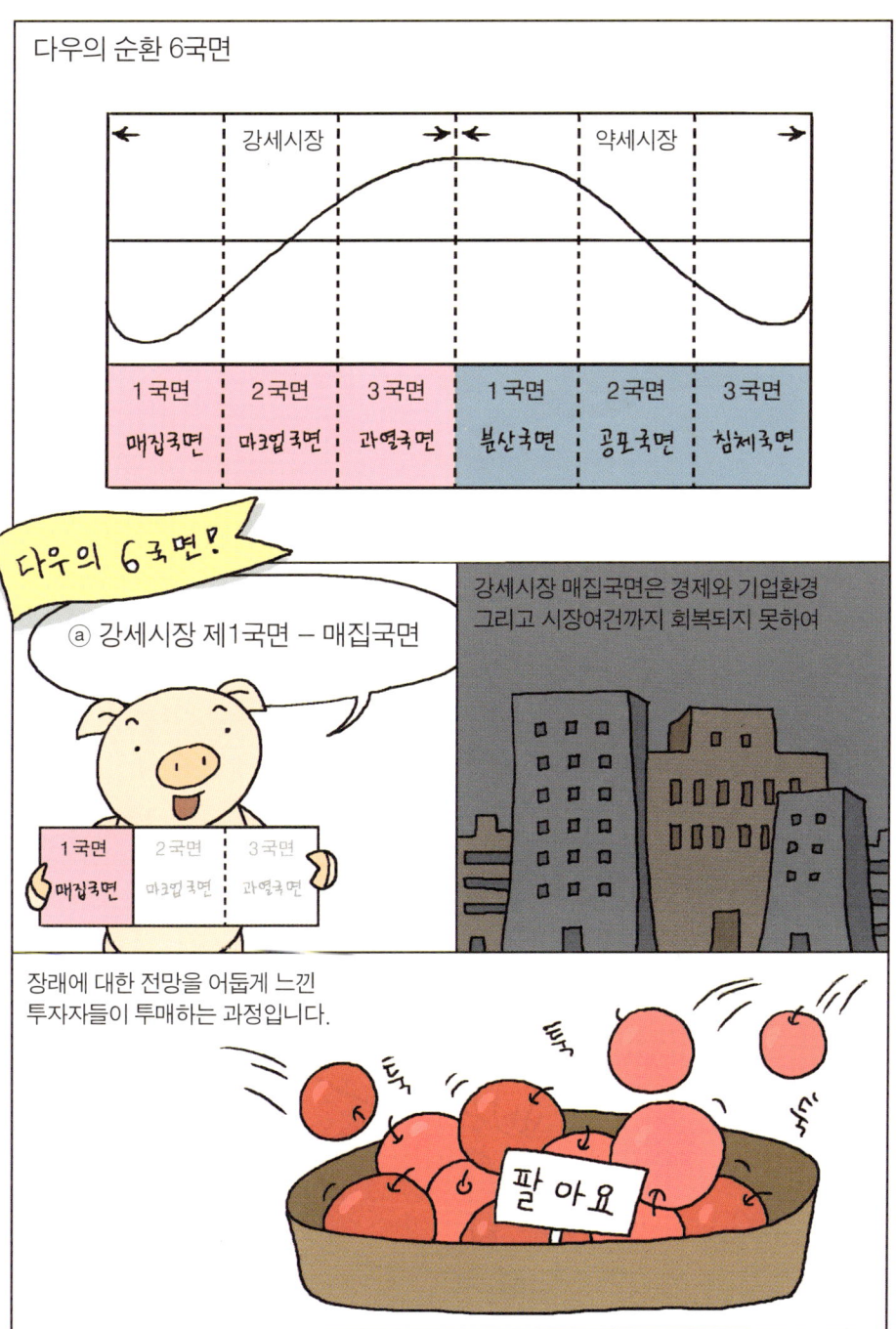

다우의 6국면 살펴보기.

다음 네 가지 경우는 다우의 6국면 중 어디에 해당하는지 맞혀보세요.

1. 시장이 나쁜 뉴스에 저항력이 있으며 악재가 사라지면 주가가 반발합니다. 저금리가 지속되는 가운데 업적이 부진한 저가주에 신고가 종목이 나타납니다.

2. 호재에 민감하게 반응하고 악재는 영향을 주지 않습니다. 금리가 상승하고 급등 종목이 속출합니다.

3. 호재에는 별 반응이 없고 악재에 민감하고 해외뉴스로 하락의 계기가 되기도 합니다. 콜금리는 계속해서 상승하고 증시 급등에 대한 규제는 아직 풀리지 않은 상태에서 증자가 계속 발표됩니다.

4. 뉴스와 재료에 모두 악재가 많고 비관적인 전망이 시장을 지배하고 고가 우량주마저 하락합니다. 기업도산이 이어지고 금리가 계속 하락하며 금융완화 정책도 나옵니다.

정답 : ① 강세시장 매집국면 ② 강세시장 마크업국면 ③ 약세시장 분산국면 ④ 약세시장 침체국면

16 손해 보지 않는 주식투자 매매원칙

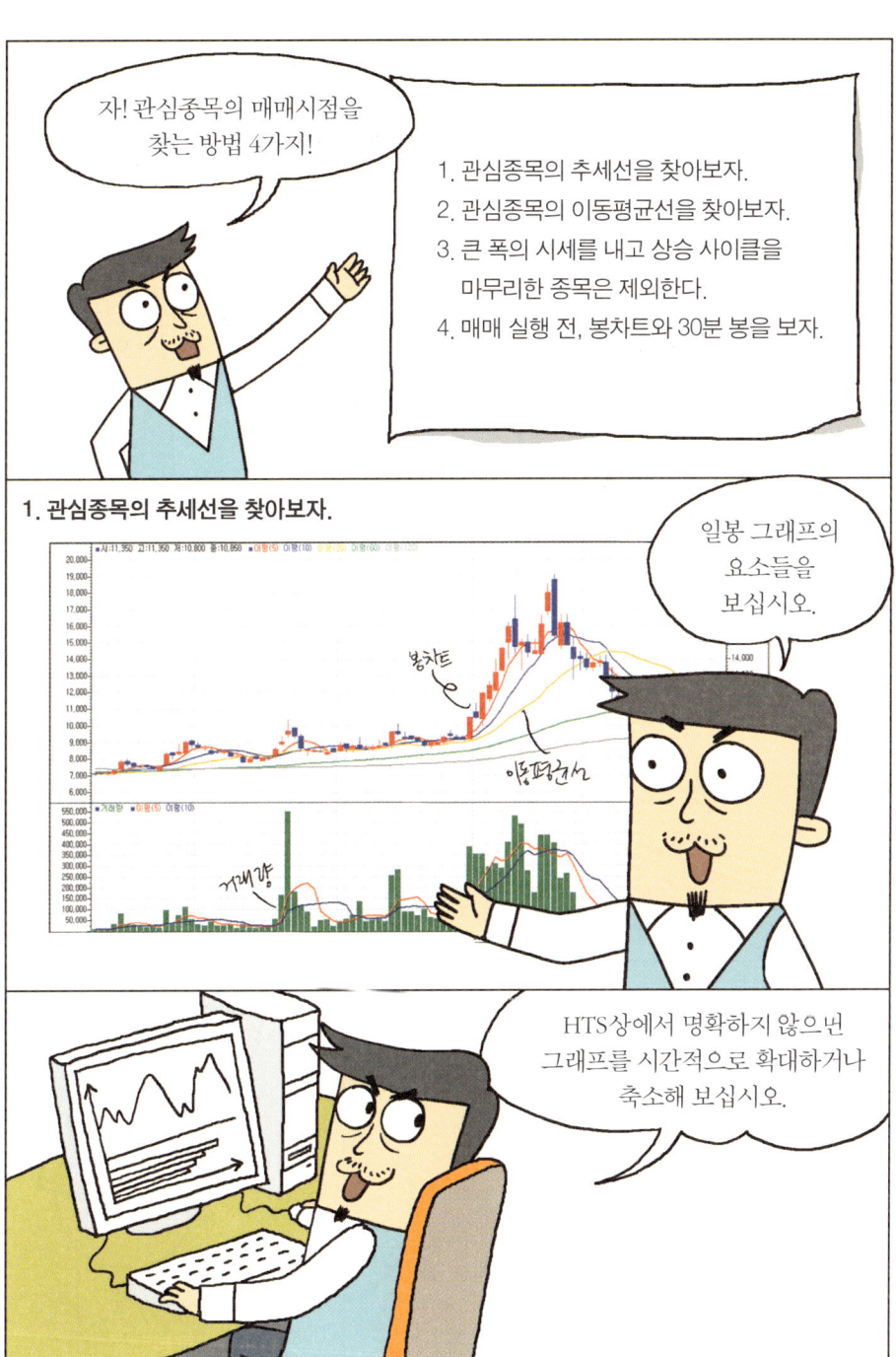

돌발퀴즈

△△인터내셔널의 일봉 그래프입니다. 눌림목을 찾아보세요.

해설

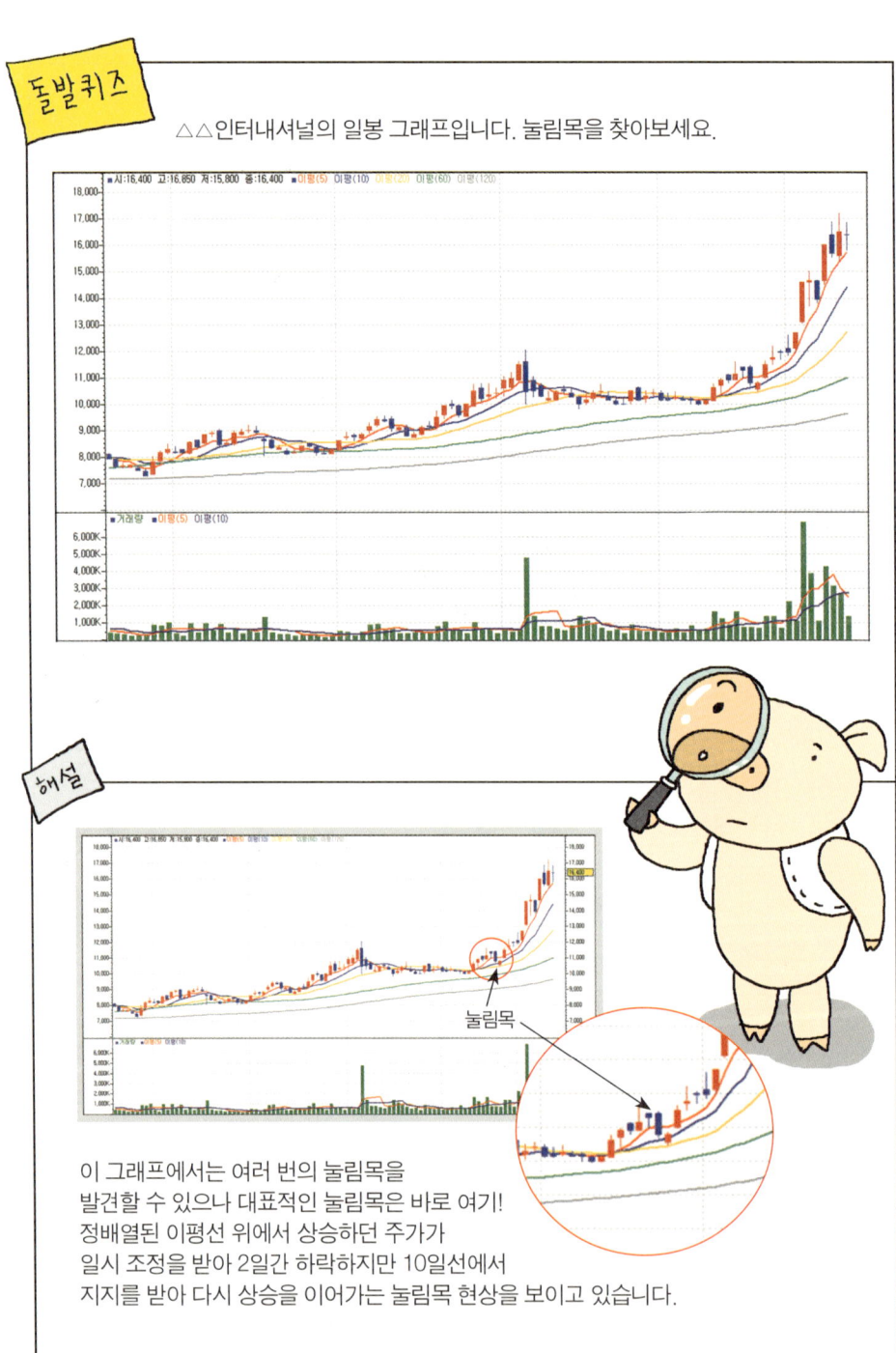

이 그래프에서는 여러 번의 눌림목을
발견할 수 있으나 대표적인 눌림목은 바로 여기!
정배열된 이평선 위에서 상승하던 주가가
일시 조정을 받아 2일간 하락하지만 10일선에서
지지를 받아 다시 상승을 이어가는 눌림목 현상을 보이고 있습니다.

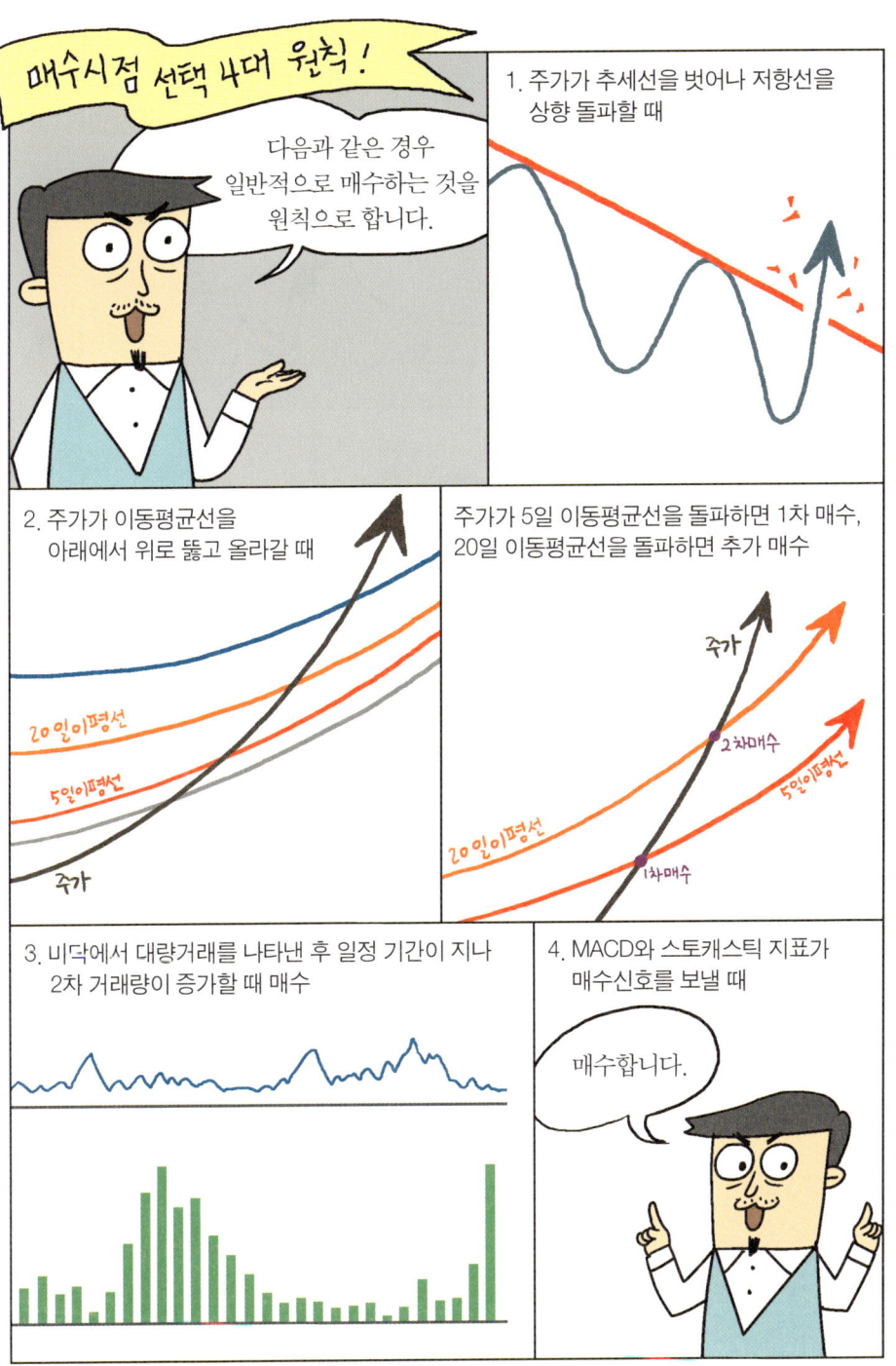

17 재산 형성 수단으로 각광받는 배당투자

18 장·단기 투자 핵심 포인트

19 선물·옵션이란 무엇일까?

넷째
마당

주식투자
고수로 가는 길

17 재산 형성 수단으로 각광받는 배당투자

*공정공시제도 : 기업이 주요 정보를 애널리스트나 기관투자가 또는 특정인에게만 제공하는 것을 금지하는 제도로서, 그 내용을 일반투자자에게도 즉시 전자공시를 통해 공시하도록 한 제도입니다.

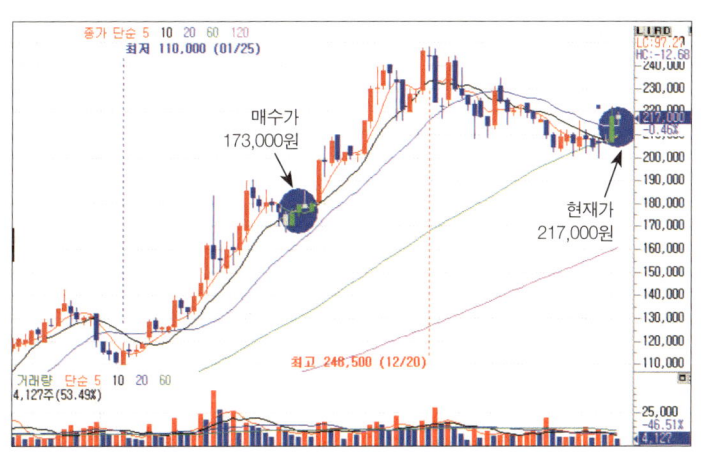

오미자씨가 배당투자 종목으로 선정한 한국샛별사 일봉 그래프

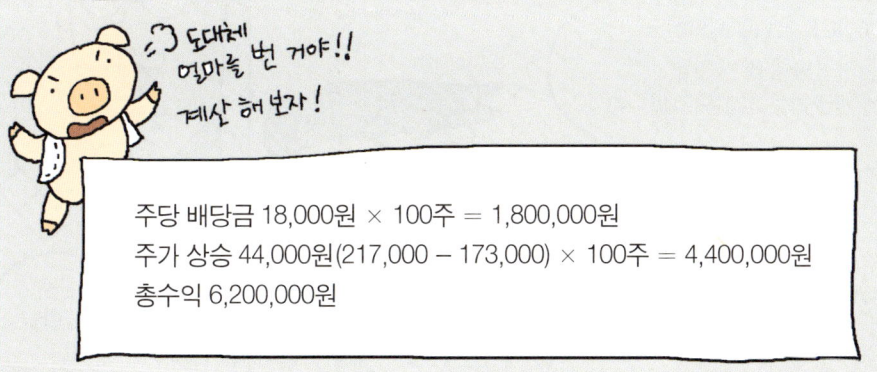

주당 배당금 18,000원 × 100주 = 1,800,000원
주가 상승 44,000원(217,000 − 173,000) × 100주 = 4,400,000원
총수익 6,200,000원

★ 배당투자 유망기업

분야	기업
소재	세아특수강, 고려아연
제조	한국앤컴퍼니, 한온시스템, 대덕전자, TKG휴켐스, 유성기업, 대창단조, LK삼양, 두산, LX세미콘, 영풍제지, LS일렉트릭
유통, 소비, 서비스	LG, 삼진제약, KT&G, 강원랜드, 무림P&P, 미창석유, 하이트진로, 한국쉘석유, KCC, 텔코웨어, SB성보, 현대글로비스, HS화성, 국순당, 이엘씨, 아이마켓코리아, 정상제이엘에스, AJ네트웍스, 삼영무역, 메가스터디, LX인터내셔널, KT, SK텔레콤, LG유플러스
지주사	진양홀딩스, 삼양홀딩스, 풍산홀딩스, 한일홀딩스
금융	DB손해보험, 신한지주, BNK금융지주, iM금융지주, 기업은행, 부국증권, 동양생명, 대신증권, 삼성증권, 코리안리, 신영증권, 유화증권, KB금융, 한국기업평가, LS증권, 우리금융지주, JB금융지주, 삼성화재, NH투자증권, 삼성카드

A, B, C, D 4개 회사의 예상 배당률이 다음과 같을 경우
배당투자 종목으로 어느 회사가 가장 유망할까요?

회사명	주가	액면가(원)	예상 배당률(%)
A	200,000	5,000	100
B	12,000	5,000	20
C	5,000	500	30
D	2,000	500	15

예상 배당률만 보면 A사가 100%로 제일 높습니다. 그러나 주당 배당금을 주가로 나눈 실질 배당수익률을 계산해 보면

B사의 실질 배당수익률이 8.3%로 가장 유리합니다.

회사별 실질 배당수익률을 계산하면 다음과 같습니다.

A사 : (주당 배당금 5,000원 ÷ 주가 200,000원) × 100% = 2.5%

B사 : (주당 배당금 1,000원 ÷ 주가 12,000원) × 100% = 8.3%

C사 : (주당 배당금 150원 ÷ 주가 5,000원) × 100% = 3.0%

D사 : (주당 배당금 75원 ÷ 주가 2,000원) × 100% = 3.75%

자동차업종 대표 현대차 17배, 조선기계업종 대표 현대중공업 15배, 운송업종 대표 대한항공 11배 등 대부분의 업종 대표주자들이 지수상승률보다 높은 수익률을 기록하였습니다.

반면 일반투자자들이 선호하는 종목(대중주)들은 15년간 장기투자한 결과가 참담하였습니다.

업종 대표주가 아닌 종목 중에 높은 수익률을 실현한 종목이 없는 것은 아니지만 소수에 불과하고 상승도 단기에 그친 경우가 많았습니다.

대우증권은 62% 상승에 그쳤고, 삼진제약 7%, 터보테크 -82% 등 투자수익률이 저조하거나 오히려 마이너스였습니다.

소수의 유망종목 선정기준

세계적인 투자의 귀재 워렌 버핏은 다음과 같은 방법을 제시하고 있습니다.

제시!!

유망 종목 선정기준 A.
기업요소

1. 회사의 활동이 단순하고 이해하기 쉬운가?
2. 오랜 역사를 가지고 있는가?
3. 향후 전망은 밝은가?

유망 종목 선정기준 B.
유망 기업의 조건

1. 꼭 필요한 제품을 생산한다.
2. 그 회사의 제품 외에는 다른 대안이 없다.
3. 정부의 규제를 받지 않는다.
4. 자유롭게 제품가격을 인상할 수 있어서 높은 수익을 얻을 수 있고, 또 쌓아놓은 수익으로 불황기를 이길 수 있다.

유망 종목 선정기준 C.
경영요소

1. 경영자가 합리적이고 솔직한가?
2. 업계의 관행에 도전할 용기가 있는가?

유망 종목 선정기준 D.
재무요소

1. 주당순익보다 자기자본 순이익률 중시
2. 주주 수익의 산출
3. 높은 매출증가율과 수익증가율
4. 사내 유보금*의 수익성

* 유보금 : 회사가 이익을 남긴 자금을 사용하지 않고 모아두는 자금을 말합니다.

시장점유율이 높은 업종 대표기업

전기·전자·전기전자 부품	삼성전자, LG전자, 삼성SDI, 삼성전기, SK하이닉스, LG이노텍
자동차·자동차 부품	현대차, 기아차, 현대모비스, 한국타이어앤테크놀로지, 한온시스템
철강	POSCO, 현대제철
비철금속	고려아연, 풍산
비금속광물	KCC
조선·기계	HD한국조선해양, HD현대중공업, 한화오션, 삼성중공업, 두산에너빌리티
정유·화학	LG화학, SK이노베이션, 롯데케미칼, S-Oil, 포스코퓨처엠, 에코프로, 에코프로비엠, 에코프로머티, HS효성첨단소재, 한화솔루션, LG에너지솔루션, SK아이이테크놀로지
운송	대한항공, 현대글로비스
제지	한국제지
통신	SK텔레콤, KT
인터넷·오락	NAVER, 카카오, 에스엠, CJ ENM, 삼성에스디에스, 엔씨소프트, 하이브
음식료·도소매	농심, CJ제일제당, 오리온, 롯데지주
제약·바이오	유한양행, 한미약품, 삼성바이오로직스, 셀트리온, 녹십자, SK바이오사이언스
전력·가스	한국전력, 한국가스공사
건설	현대건설, GS건설
은행·증권·보험	KB금융, 신한지주, 우리금융지주, 미래에셋증권, 삼성증권, 삼성화재, 한국금융지주, 하나금융지주
전문기술 서비스	한화에어로스페이스, LIG넥스원, 한전기술, 코웨이, 레인보우로보틱스, 두산로보틱스
소비 관련주	LG생활건강, 아모레퍼시픽, KT&G, 아모레G, 강원랜드, SK, 삼성물산

* 위 목록은 오로지 굼선생의 판단기준에 의거해 선정한 것입니다.

수급으로 본 증시의 상승요인과 하락요인

상승요인	하락요인
개인 자금 유입 • 고객예탁금 증가 • 주식형 수익증권 증가	개인 자금 유출 • 고객예탁금 감소 • 주식형 수익증권 감소
외국인 자금 유입 • 외국인 주식 매수 • 한국관련 해외펀드 자금 유입	외국인 자금 유출 • 외국인 주식 매도 • 한국관련 해외펀드 자금 유출
기관의 주식 매수 • 연기금 시황을 좋게 보기 때문에 매수 • 투자신탁 시중자금이 펀드로 유입되므로 매수	기관의 주식 매도 • 연기금 시황을 나쁘게 보기 때문에 매도 • 투자신탁 펀드자금이 빠져나가기 때문에 매도
대주주 및 임직원의 회사주식 매수 • 회사 실적이 좋아질 때 매수 • M&A 방지 차원에서 매수	대주주 및 임직원의 회사주식 매도 • 회사 실적이 나빠질 때 매도
자사주 매입	신주상장 및 유·무상증자 물량 출회
	스톡옵션 권리행사 후 주식 매도
	주식배당 물량 출회
	전환사채, 신주인수권부사채, 교환사채 등의 권리행사로 인한 물량 출회

단기 매매 종목선정의 5가지 원칙

1. 주도주, 테마주이거나 재료*가 있는 종목

우량주일 필요는 없지만 자본잠식 등 재무구조가 부실하거나 문제가 있는 기업은 제외시킵니다.

*재료 : 주식에서 재료란 어떤 종목이나 업종에 영향을 줄 수 있는 정보, 첩보, 뉴스, 공시 내용을 말합니다.

19 선물·옵션이란 무엇일까?

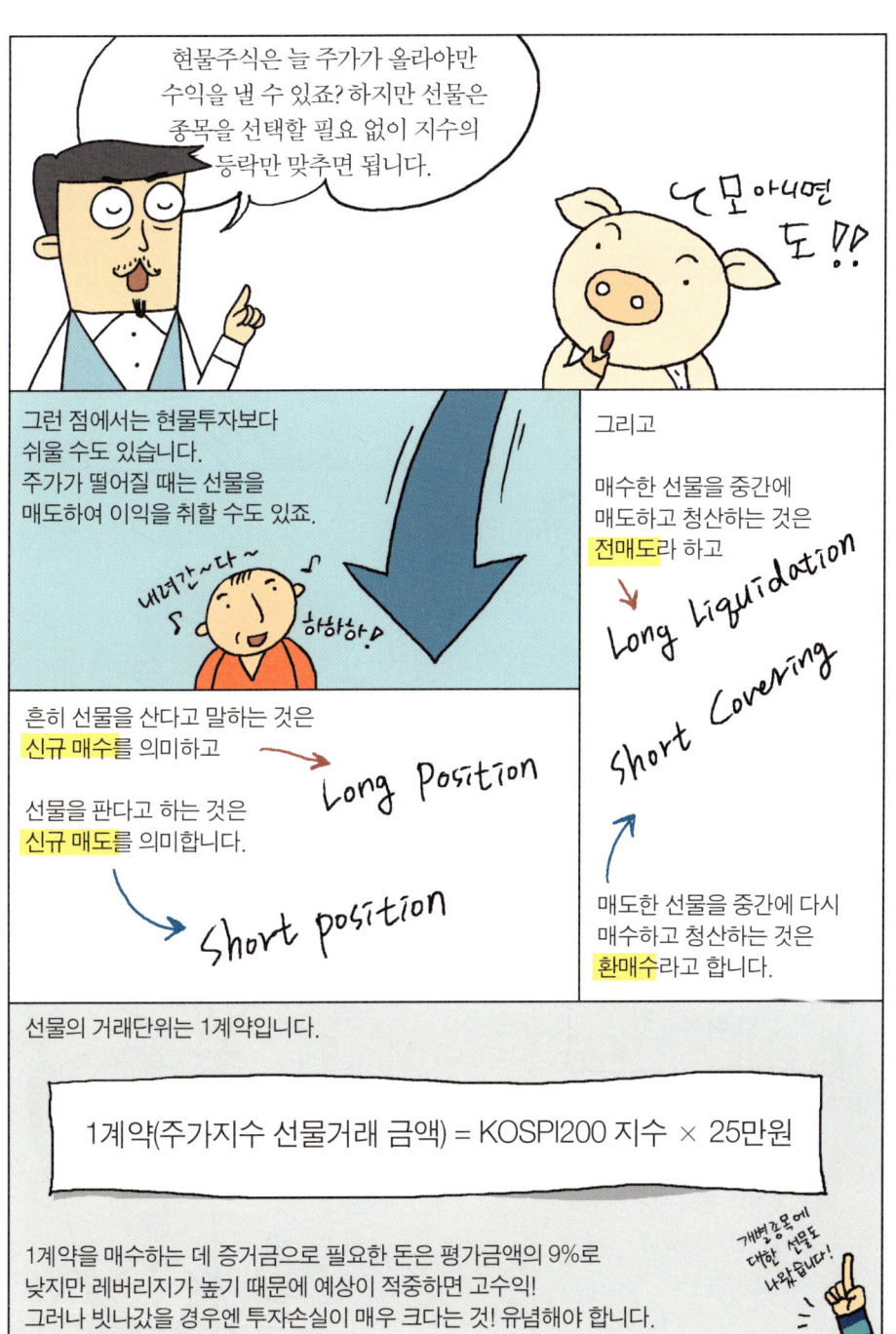

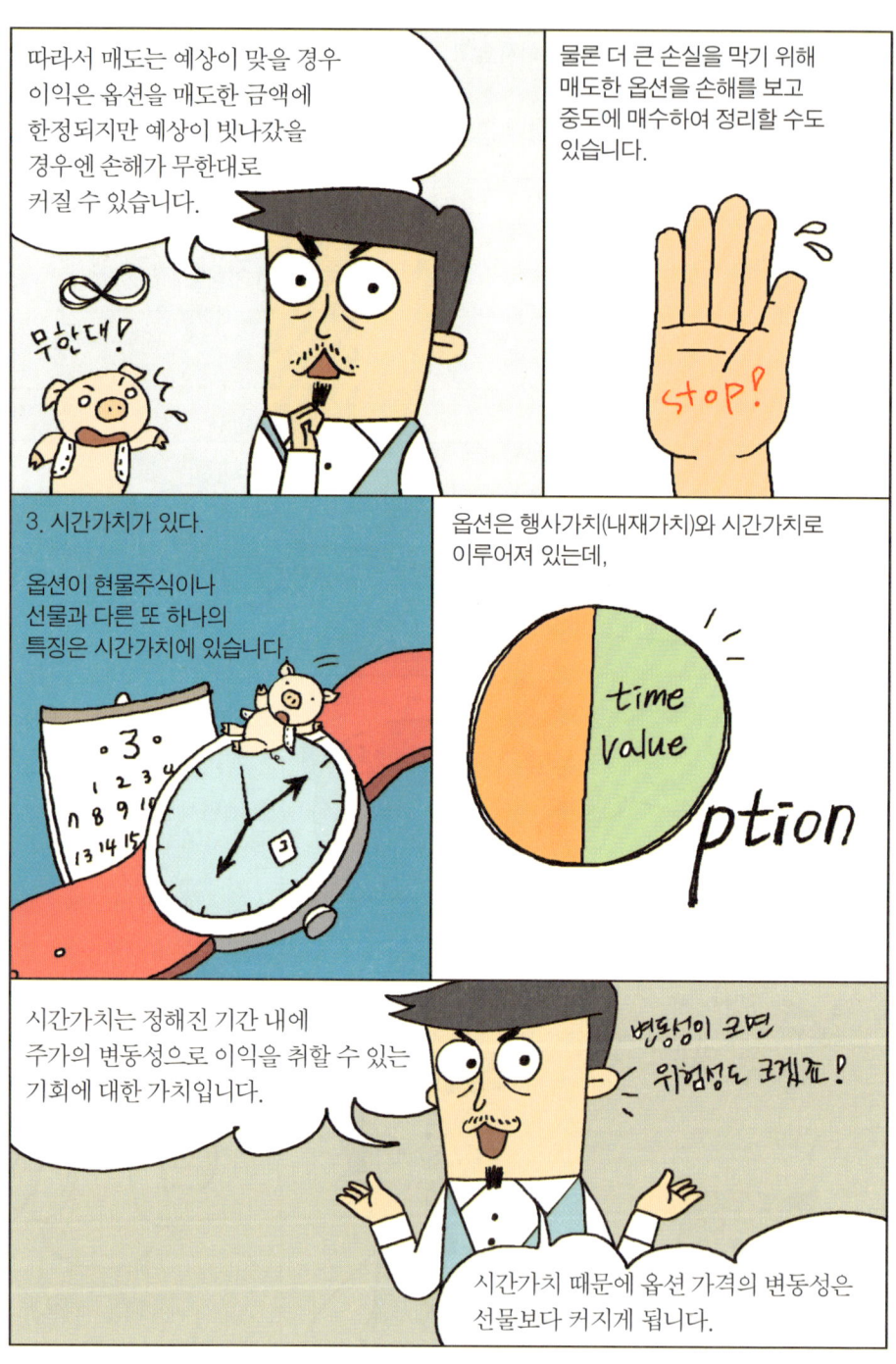

부록

왕초보의 눈과 귀를 활짝!
증권용어 100선

부록

가격우선의 원칙

가격이 유리한 주문을 우선적으로 체결시키는 것을 말합니다. 매수주문은 높은 가격이 유리하고, 매도주문은 낮은 가격이 유리합니다. 그러므로 빨리 체결되기를 원한다면 매수호가를 높여야 하고, 매도호가는 낮추어야 합니다.

가격제한폭

하루에 오르고 내릴 수 있는 주식 가격 등락폭의 한계를 말합니다. 주가가 가격등락 제한폭의 상한선까지 올랐을 때를 상한가, 하한선까지 내렸을 때를 하한가라고 합니다.

갈아타기

주식투자에서 얻어지는 대부분의 투자수익은 매매차익에 의해서 결정됩니다. 따라서 보유하고 있는 종목보다 상승잠재력이 높은 종목을 발견하였다면 보유주식을 매도하고 상승잠재력이 높은 종목으로 바꾸는 것이 필요한데, 이를 갈아타기라고 합니다. 한마디로 종목을 교체하는 것인데, 주가의 등락이 엇갈리는 상황에서 갈아타기를 하면 자칫 판 종목의 주가는 상승하고 산 종목의 주가는 오히려 크게 하락하여 더 큰 폭의 손실을 자초할 수도 있습니다. 이런 실수를 하지 않으려면 시장흐름을 정확히 파악하고 종목 교체에 유리한 시점을 선정하는 것이 중요합니다.

감리종목

주가가 단기간에 급등해 거래소가 요주의 종목으로 분류한 종목입니다. 최근 6일간의 주가 상승폭이 가격제한폭의 5배를 초과하거나 12일간 주가 상승폭이 가격제한폭의 8배를 넘어서는 상태가 3일간 지속되는 경우 감리종목으로 지정됩니다.

감자

기업의 규모를 줄이거나 합병할 때 자본금을 줄이는 것을 말합니다. 유상감자는 주주에게 현금을 돌려주고 주식수를 줄이는 것을 말하고, 무상감자는 자본잠식이 있을 때 기업이 재무구조를 건실하게 하기 위해 아무런 대가 없이 주식수를 줄이는 것을 말합니다.

강세시장

매수세력이 강한 시장을 강세시장이라고 하며, 주가가 앞으로 상승할 것이라고 보는 견해 또는 그렇게 예상하는 사람이 많은 상태가 지속되는 시장을 말합니다. 긴 안목으로 봐서 주가가 내려갈 것 같아도 지금 당장 주가가 높은 상태에 있을 때는 대세약세, 단기강세라는 말을 사용합니다. 또 이와 반대로 장기적으로 볼 때는 주가가 상승할 것이 예상되나 지금 당장 주가가 낮은 상태에 있을 때는 대세강세, 단기약세라고 합니다. 또 주가 예측에 있어 항상 강세의 견해를 갖는 사람을 강세투자자라고 합니다.

거래원(회원)

증권거래소가 개설하는 정규의 상설 시장에서 매매거래를 할 수 있는 자격을 가진 증권업자, 즉 증권회사를 말합니다. 거래원은 거래소 시장에서 매매거래의 주체가 되며, 투자자로부터 매매주문을 받아 증권시장에서 매매를 대행합니다. 개인이 직접 증권거래소를 통해 주식 매매를 할 수는 없습니다.

경기선행지수

가까운 장래의 경기동향을 예측하는 지표로 경기종합지수의 하나입니다. 경기종합지수란 현재 경기상태를 판단하거나 앞으로의 경기를 예측하기 위한 대표적인 지표로, 이 지수는 각종 경제지표들의 전월 내지는 전년 같은 기간 대비 증감률을 합성해 작성됩니다. 경기종합지수에는 경기동향을 예측하는 데 쓰이는 '선행지수', 현재의 경기 상황을 파악할 수 있는 '동행지수', 경기동향을 확인하는 데 이용되는 '후행지수'가 있습니다.

고가
하루 중 주가가 가장 높았을 때의 가격을 말합니다.

골든크로스(golden cross)
단기 이동평균선이 장기 이동평균선을 아래에서 위로 상향 돌파하는 경우를 말합니다. 황금 십자가라는 말 그대로 가장 좋은 매수시점이라 할 수 있습니다. 특히 주가가 바닥상태에서 나타날 때에는 더욱 좋은 매수시점이 됩니다. 그러나 약세 시장에서 나타나는 골든크로스는 오히려 매도시점이 되는 경우도 있습니다.

공모주청약
상장을 위해 기업을 공개하는 과정에서 자사의 주식을 일반인들에게 매각하거나 신주를 발행해 청약자를 모집하는 것을 공모라 하고, 공모주를 사기 위해 청약서류를 작성하고 청약증거금을 내는 절차를 공모주청약이라고 합니다.

공시
공신력을 갖는 증권거래소가 주가에 영향을 줄 만한 기업 내용이 발생하면 정기 또는 부정기적으로 신속하게 투자자들에게 알리는 것을 말합니다. 투자자 보호와 투자판단 재료의 제공을 목적으로 이루어집니다. 증권가에 떠도는 루머는 신뢰성이 없는 반면 공시는 거래소를 통하여 기업이 공식적으로 발표하는 것인 만큼 신뢰성이 높습니다.

관리종목
증권거래소가 유가증권 상장 규정에 의거 상장폐지 기준에 해당되는 종목 가운데 특별히 지정한 종목을 말합니다. 부도 발생으로 인한 은행거래 정지, 회사정리절차 개시, 부정적인 감사의견, 또는 영업활동 정지 등의 사유로 상장 폐지 기준에 해당되면 거래소가 투자자의 주의를 환기시키기 위해 관리종목으로 지정합니다. 관리종목은 미수거래나 신용거래가 불가능합니다.

교환사채(EB)
기업들이 보유하고 있는 자회사 또는 다른 회사 주식을 특정 가격에 교환해 주기로 하고 발행하는 회사채를 말합니다. 기업은 보유주식의 현재가보다 비싼 가격으로 교환권 행사가격을 결정하여 자금조달 규모를 확대할 수 있으며, 매입자들은 교환사채 매입을 통해 주식시장에서 매입하기 어려운 특정 종목을 매수할 수 있는 기회를 얻게 됩니다.

권리락
상장회사가 증자를 하는 경우에 신주인수권을 확정하기 위하여 신주배정 기준일을 정하는데, 그 기준일의 익일 이후에 결제되는 주권에는 신주인수권이 없어지는 것을 말합니다.

금리와 주가
금리와 주가는 반대로 움직입니다. 금리가 올라가면 주가는 떨어지고, 금리가 떨어지거나 낮은

부록

상태에 있으면 주가는 올라갑니다. 금리가 떨어지면 금융비용이 줄어들어 기업의 재무구조가 개선되고 수익성이 높아져 기업가치가 올라가기 때문에 주가가 올라갑니다. 또한 시중 부동자금이 높은 수익률을 찾아 증시로 대거 유입되기 때문에 주가 상승 현상이 나타납니다.

기본적 분석

'주가는 기업의 가치를 반영한다'는 이론을 근거로 하여, 기업의 내재가치를 분석해 현재 주가가 기업의 가치에 비해 고평가되어 있는지 저평가되어 있는지를 판단하여 미래의 주가를 예측하는 기법입니다. 기업의 내재가치를 분석하는 지표로는 자기자본이익률(ROE), 주가수익비율(PER), 이브이에비타(EV/EBITDA), 주가순자산비율(PBR) 등이 있습니다.

기술적 분석

'주가는 수요와 공급의 원리에 따라 결정되며 수급의 결과는 그래프로 나타난다'는 이론을 배경으로 하여, 주가나 거래량 등 주식시장에 나타난 과거의 데이터를 기초로 미래 주가를 예측하는 기법입니다. 주로 차트를 이용하기 때문에 차트분석이라고도 합니다.

깡통계좌(담보부족계좌)

신용거래를 이용해 주식을 구입한 경우 투자한 회사가 부도가 나거나 파산을 하면 증권회사에 빚만 남게 되는데, 이러한 계좌를 깡통계좌라고 합니다.

눌림목

주가 상승 후 조정국면을 보이는 것을 말합니다. 바닥을 확인한 주가가 거래량 증가와 함께 수일 혹은 수주간 단기 급등한 후 차익매물을 소화하기 위해 단기 조정기간을 거치는데, 이를 눌림목이라고 합니다. 보통 재상승을 위한 에너지 비축 기간으로 봅니다.

닛케이지수

일본경제신문사(약칭 '닛케이')가 도쿄 증권거래소 1부 시장에 상장된 주식 가운데 225개 종목의 시장가격을 평균하여 산출하는 일본 증권시장의 대표적인 주가지수입니다.

다우존스지수

미국의 다우존스(Dow Jones)사가 뉴욕 증권시장에 상장된 우량기업 주식 30개 종목을 표본으로 해서 시장가격을 평균하여 산출하는 세계적인 주가지수로, 미국 증권시장의 동향 및 시세를 알려주는 뉴욕 증시의 대표적인 지수라 할 수 있습니다.

대형주

자본금의 규모가 750억원 이상인 상장회사의 주식을 말합니다. 우리나라는 은행, 증권, 전력, 조선, 철강 등 주로 기간산업주가 여기에 해당됩니다. 대형주는 일반적으로 발행주식수가 많고 유동주식수가 많아 침체장에서는 중소형주보다 불리합니다. 그러나 1992년 외국인의 직접투자 허용 이후 주가의 차별화 현상이 일어나면서 시장이 개별종목 장세 양상을 띠고 있어 대형주 가운데서도 2~3배 이상 상승하는 종목들이 속출하는 현상을 보이고 있습니다. 더욱이 외국인의 투자한도가 점차 확대되고 이에 따라 외국인들이 대형 우량주 중심으로 매집을 하는 경향을 보이고 있어 대형주들도 차별화 현상이 일어나고 있습니다.

데드크로스(dead cross)
단기 이동평균선이 장기 이동평균선을 위에서 아래로 하향 돌파하는 경우를 말합니다. 이럴 때 주식을 사면 죽는다고 해서 죽음의 십자가라는 말이 붙었습니다. 주가가 천정권일 때 발생하는 데드크로스는 좋은 매도시점이 될 수 있습니다. 그러나 강세시장에서 발생하는 데드크로스는 상승추세 속에서의 조정기가 될 확률이 높기 때문에 오히려 매수시점이 될 수 있습니다.

데이트레이딩
하루에도 여러 번 주식을 사고팔아 단기 시세차익을 노리는 투자기법입니다. 데이트레이딩은 대세상승기에는 장기투자보다 높은 수익을 내기 어렵다는 게 전문가의 지적입니다.

동시호가제도
주문을 모두 모아 같은 시간에 주문이 접수된 것으로 간주하여 시간우선 원칙은 무시하고 가격우선과 수량우선 원칙만으로 단일한 가격으로 체결시키는 제도입니다. 장 개시 전(8:00~9:00)과 마감 전(15:20~15:30), 두 차례에 걸쳐 실시됩니다. 또한 거래가 중단되었다가 다시 시작할 때도 실시합니다.

되돌림
주가가 추세 또는 파동을 그릴 때 기존의 방향과는 반대방향으로 반작용이나 조정을 보이는 것을 말합니다. 일반적으로 중요하다고 알려진 되돌림의 비율은 25%(1/4), 33%(1/3), 50%(1/2), 66%(2/3), 75%(3/4)이며, 이 비율은 여러 분석가들에 의해 매우 중요한 지지선이나 저항선으로 작용한다고 알려져 있습니다.

랜덤워크이론
효율적인 시장 모델에 근거한 이론으로, 주가는 해당 시점에서 이용 가능한 모든 정보를 반영하고 있다고 봅니다. 이 이론에 따르면 주가가 변동하는 것은 새로운 정보가 출현했기 때문인데, 새로운 정보는 이전의 정보와는 관계없이 독립적이고 불규칙적으로 주어지기 때문에 주가 변동은 예측이 불가능합니다. 요컨대 '술 취한 사람의 걸음걸이'처럼 주가의 움직임은 일정한 규칙이 없어 누구도 알 수 없다는 것입니다.

레버리지
'지렛대'라는 의미로 빚을 뜻합니다. 빚을 지렛대로 삼아 투자수익률을 극대화시킨다는 의미로, 경기가 호황일 때 효과적인 투자법입니다.

마진콜
선물거래에서 최초 계약시 계약 이행을 보증하고 채권을 담보하기 위해 예치하는 증거금이 선물가격의 하락으로 인해 거래개시수준 이하로 하락한 경우 추가 자금을 유치하여 당초 증거금 수준으로 회복시키도록 요구하는 것을 말합니다. 투자자가 이 요구를 무시할 경우 거래소는 자동 반대매매(청산)를 통해 거래계약 관계를 종결시킵니다.

모멘텀
기술적 분석지표 중의 하나로 주가 추세의 속도가 증가하고 있는지 감소하고 있는지를 추세 운동량으로 측정하여 나타내는 지표로, 한마디로 추세의 가속도를 측정하는 지표라 할 수 있습니다. 흔히 주가의 추세를 전환시키는 재료를 모멘텀이라고 부릅니다. 모멘텀은 곡선의 개념이기

부록

때문에 주가보다 앞서 변동하는 경향이 크지만 주식 매매에 직접 이용하기보다는 주가의 변동상황을 이해하는 하나의 방법으로 사용하는 것이 보편적입니다.

물타기
매입한 주식이 큰 폭으로 하락했을 때 추가적인 매입을 통하여 평균 매입단가를 낮추어 향후 주가 상승에 대비하는 것을 물타기라고 합니다. 주가가 상승하면 수익률을 높이는 계기가 될 수 있지만, 물타기는 추가 손실을 가져올 가능성이 있으므로 원칙적으로 하지 않는 것이 좋습니다.

뮤추얼펀드
일반인에게 주식을 발행하여 돈을 모아 증권투자를 하는 회사로서 미국에서는 일반화된 투자신탁 펀드입니다. 펀드매니저의 운용실적에 따라 높은 투자수익을 올리기도 하지만 손실을 보면 원금조차 손해를 보아야 하는 고수익, 고위험 투자신탁입니다. 미국에서는 일반적으로 오픈 엔드형(open-end)으로 운용되기 때문에 자금을 회수하고 싶은 투자자들은 언제든지 증권시장에서 매매하면 됩니다. 우리나라도 1998년 7월부터 뮤추얼펀드를 허용하고 있습니다.

미수금
고객이 증권회사에 납부해야 할 매수대금의 미납금, 신용상환의 결제부족금, 무상주에 대한 제세금 미납분 및 유상증자 청약대금 미납액을 말합니다. 미수금이 많이 발생하였을 경우에는 미수금 정리를 위한 매도물량이 늘어나기 때문에 장세도 영향을 받게 됩니다. 따라서 미수물량의 증감이 시장의 강약을 판단하는 척도가 되기도 합니다.

바닥
하락을 지속하던 주가가 하락을 멈추고 상승으로 전환하였을 때 주가가 바닥을 쳤다고 하며, 최저 주가를 바닥 또는 바닥권이라고 합니다.

반대매매
미수로 주식을 매수한 경우에 3일 안에 미수금을 입금하지 못하면 증권사에서 임의로 미수금액만큼의 주식을 처분하는 것을 말합니다. 보통 하한가로 계산해 처분하기 때문에 투자자 입장에서는 손해를 보기 십상입니다.

반등
하향추세에 있던 시세가 상승으로 전환하는 경우로, 하락하는 중에 일시적으로 반등하는 것은 중간 반등, 바닥을 치고 본격적으로 상승하는 것은 본격 반등이라고 합니다.

반락
시세가 상승하는 과정에서 일시적으로 하락하는 것을 반락이라고 하며, 주가가 큰 폭으로 급격히 하락하는 것을 급락이라고 합니다.

보통주
의결권과 배당권 및 회사 파산시 잔여재산 분배권을 가지되, 우선주나 후배주와 같이 특별한 권리내용을 갖고 있지 않아 이익배당이나 잔여재산 분배를 받는 순위에서 우선주 다음인 주식을 말합니다. 일반 회사들이 발행하고 있는 대부분의 주식이 보통주입니다.

봉도표

봉도표란 우리에게 익숙한 막대그래프를 말하며 일정 기간의 시가와 종가, 저가, 고가를 하나의 봉에 나타내는 것을 말합니다. 기간에 따라 주로 일봉·주봉·월봉으로 나누어지며, 주가 흐름을 파악하는 데 가장 유용한 지표가 됩니다. 봉도표는 미국식 차트와 일본식 차트로 나누어지는데, 미국식 차트는 고가, 저가, 종가만을 표시하여 주가를 나타내는 반면에 일본식 차트는 시가, 고가, 저가, 종가의 네 가지 주가를 모두 표시합니다. 시가와 종가가 차트의 몸을 형성하고 고가와 저가는 몸체의 위 또는 아래 방향으로 선을 형성함으로써 일정 기간 동안의 상승 또는 하락의 폭을 표시합니다. 시가에 비해 종가가 하락한 경우는 청색의 음선형으로, 시가에 비해 종가가 상승한 경우는 붉은색의 양선형으로 표시해 구분짓습니다. 우리나라는 주로 일본식 차트를 사용하고 있습니다.

블랙먼데이

미국 뉴욕에서 주가의 대폭락이 있었던 1987년 10월 19일 월요일을 가리키는 말입니다. 이로 인하여 세계적인 주가 폭락이 있었고, 쌍둥이적자 즉 무역적자와 재정적자를 안고 있던 미국경제에 대한 불신감이 던져졌고 공황론까지 제기되었습니다.

블루칩

경영내용이 좋고 배당률도 높은 회사의 우량주식을 말합니다. 일반적으로 시장에서 형성되고 있는 주가의 수준에 따라 고가 우량주, 중견 우량주, 품귀 우량주 등으로 구분합니다. 우량주에 대한 정확한 기준은 아직 없으나, 재무구조와 수익성이 좋고, 능력이 탁월한 경영자가 있으며, 동업계에서 유력한 지위를 가진 회사의 주식을 말합니다. 블루칩이라는 말은 트럼프의 포커에서 쓰이는 세 종류(흰색, 빨간색, 청색)의 칩 가운데 가장 높은 것이 블루칩이라는 데서 유래되었습니다.

사이드카(sidecar)

선물가격이 전일 종가 대비 5% 이상 상승 또는 하락해 1분간 지속될 때 발동하며, 일단 발동되면 주식시장 프로그램 매매 호가의 효력이 5분간 정지됩니다. 그러나 5분이 지나면 자동으로 해제되어 매매체결이 재개되고, 주식시장 종료 40분 전(14시 20분) 이후에는 발동할 수 없으며, 1일 1회에 한해서만 발동할 수 있습니다.

상장

시장에 명패를 내건다는 뜻으로, 기업이 발행하는 주식이나 채권 등의 유가증권이 증권시장에서 매매될 수 있도록 증권거래소에 등록하는 것을 말합니다. 주식이 상장되려면 먼저 기업이 공개되어야 하며, 일단 상장이 되면 기업은 증권시장을 통해 거액의 자금을 용이하게 조달할 수 있고 자사 증권에 시장성을 부여하여 환금성을 높일 수 있습니다. 상장 심사기준은 주식의 경우 ① 설립 후 경과년수, ② 자본금 및 상장주식수, ③ 모집 또는 매출의 실적, ④ 재무내용, ⑤ 감사인의 감사의견, ⑥ 부도발생 사실, ⑦ 명의개서 대행위탁, ⑧ 통일규격 여부 등이며, 채권은 ① 자본금, ② 발행회사, ③ 모집 또는 매출, ④ 발행총액, ⑤ 발행 후 경과년수, ⑥ 미상환 액면총액, ⑦ 통일규격일 것 등입니다.

상장지수펀드(ETF)
종합주가지수 수익률을 추구하는 인덱스펀드를 주식처럼 실시간으로 거래소시장에서 매매할 수 있는 것을 말합니다. 즉 인덱스펀드와 마찬가지로 KOSPI200이나 KOSPI50 등 주가지수와 같은 수익률을 내도록 설계돼 최소한 지수 상승폭만큼의 수익을 거둘 수 있고 거래소에 상장되기 때문에 환금성도 높습니다. ETF는 인덱스펀드를 거래소에 상장시켜 주식처럼 사고팔 수 있는 금융상품으로 펀드와 주식의 특징을 모두 갖추고 있는 것이 강점이고, 특히 소액으로 지수 상승률을 따라잡을 수 있다는 이점이 있어 개인투자자들에게 유용한 투자수단이 될 것으로 예상됩니다.

상한가
격심한 시세변동을 억제함으로써 일시적인 주가 급등으로부터 투자자를 보호하기 위한 제도로, 전일 종가를 기준으로 하루 동안 오를 수 있는 상한가격을 제한하는 제도입니다. 증권거래소는 증권의 종류 및 종목별로 그 제한폭을 규정하고 있으며 현재는 종목별로 전일 종가의 +30%로 제한되어 있습니다.

서킷브레이커(circuit breaker)
주가가 갑자기 급등락하는 경우 시장에 미치는 충격을 완화하기 위해 주식매매를 일시 정지시키는 제도로 '주식거래 중단제도'라고도 합니다. 종합주가지수가 전일에 비해 ±10%를 넘는 상태가 1분 이상 지속되는 경우 모든 주식거래를 20분간 중단시킵니다. 서킷브레이커가 발동되면 30분 경과 후에 매매가 재개되는데 처음 20분 동안은 모든 종목의 호가 접수 및 매매거래가 중단되고, 나머지 10분 동안은 새로 호가를 접수하여 단일가격으로 처리합니다. 주식시장 개장 5분 후부터 장이 끝나기 50분 전인 오후 2시 40분까지 발동할 수 있고, 하루에 한 번만 발동할 수 있습니다.

선물거래
미래의 일정 시점에 수량 규정 등이 표준화되어 있는 특정 대상물을 미리 정한 가격으로 주고받기로 약속하는 거래를 말합니다. 현재 우리나라의 선물거래소에서는 미국달러선물, CD금리선물, 금선물, 미국달러옵션이 거래되고 있으며, 증권거래소를 통해 주가지수선물이 거래되고 있습니다.

소형주
대형주에 반대되는 개념으로서, 자본금이 적은 회사의 주식을 소형주라고 합니다. 소형주의 특징은 대형주에 비해 비교적 적은 유통자금에 의해서도 주가가 크게 움직인다는 데 있습니다.

손절매
현재 보유하고 있는 주식의 시세가 매입한 가격보다 떨어진 상태에서 향후 주가가 단기간에 상승할 희망이 없거나 추가 하락할 것으로 예상될 때 손해를 보고 매도하는 것을 말합니다.

수도결제
거래소시장에서 매매거래된 주식 또는 채권이 증권거래소가 지정한 결제기구를 통해서 매수측은 대금을, 매도측은 증권을 수수하는 것을 말합니다. 당일결제거래의 경우 매매계약을 체결한 당일에, 보통거래는 매매계약을 체결한 날로부터 3일째 되는 날에 수도결제가 이루어집니다.

수량우선의 법칙

동일한 가격으로 동일한 시간에 주문이 있는 경우에는 주문량이 많은 투자자의 주문이 우선적으로 체결되는 원칙입니다. 예를 들어 판매량이 1,000주인데 A가 600주, B가 500주를 주문했다면, 일단 A에게 600주가 배정되고 B에게는 나머지 400주가 배정됩니다. 일반적으로 투자신탁회사나 은행, 증권사들의 기관투자가들이 개인보다 주식을 유리하게 구입하는 이유는 바로 수량우선의 원칙 때문입니다. 즉, 동시호가시 기관투자가들이 주문하는 물량은 최소한 10,000주 이상이지만 개인은 많아야 1,000주 단위에 불과하므로 수량우선의 원칙에 따라 기관투자가들의 주문물량이 먼저 소화되는 것이지요.

스톡옵션

기업이 근로의욕을 고취시키기 위해 임직원들에게 일정 기간이 지난 후 회사의 자사 주식을 일정 부분 매입 혹은 처분할 수 있는 권한을 부여하는 것을 말합니다. 주식매입선택권 또는 주식매수선택권이라고도 합니다. 장래에 사업이 성공했을 경우 주식을 액면가 또는 시세보다 훨씬 낮게 살 수 있는 권리를 미리 주는 것이므로 회사의 임직원은 자기 회사 주식을 헐 시기나 액면가에 구입해 향후 주가 변동에 따라 차익을 얻을 수 있습니다. 예를 들어 1년 뒤 주식 1만 주를 현재의 시세인 1만원에 살 수 있는 스톡옵션을 받은 경우 회사 경영이 잘돼 1년 뒤 주가가 2만원이 됐다면 스톡옵션을 받은 사람은 1만 주를 1만원에 사서 2만원에 팔 수 있게 되는 것이므로 1억원의 보너스를 받은 것과 같은 효과가 있는 것입니다. 스톡옵션 제도는 직급이나 근속연수를 바탕으로 하는 '우리사주조합제도'와 달리 철저히 능력 중심으로 임직원들에게 적용되므로 이를 통해 근로의욕을 북돋워 기업을 활성화하는 일종의 인센티브 제도라 할 수 있습니다.

시가

하루 중에서 최초로 성립된 가격, 즉 개장 후 최초로 형성된 가격을 말합니다. 후장에서 제일 먼저 이루어진 가격은 후장의 시가가 됩니다.

시간외 매매

오후 3시 30분부터 30분 동안 그날의 종가로 주식을 사거나 팔 수 있는 기회를 주는 것입니다. 이 경우에는 가격이 정해진 상태에서 주문이 접수되는 순으로 매매가 체결됩니다. 따라서 반드시 매매하고 싶다면 후장이 끝난 후 주문을 빨리 내야만 체결될 가능성이 높습니다.

시간우선의 원칙

동일한 종목의 주문이 동일한 가격으로 나오는 경우에는 빨리 주문한 것부터 거래를 체결시키는 원칙입니다. 증권시장은 오전 9시부터 오후 3시 30분까지 거래가 이루어집니다. 그러나 매매입회가 개시되기 전 10분간 접수된 호가 또는 매매가 중단된 후 일정한 시간 내에 접수된 호가, 그리고 매매입회 종료 전 10분간 접수된 호가에 의해서 매매를 체결할 때는 시간우선의 원칙이 적용되지 않고 주문량이 많은 것부터 우선적으로 안분 배정하여 체결되는데, 이를 동시호가라고 합니다.

신고가와 신저가

주가가 과거에 없었던 높은 가격을 기록했을 때, 그 가격을 신고가라고 합니다. 신고가에는 여러 가지 종류가 있는데, 증권거래소가 생긴 이래 최

부록

고가를 기록했을 때 개소 이래 신고가라고 하며, 그해의 최고가를 연초 이래의 신고가, 300일 이래의 최고가를 300일 이래 신고가라고 합니다. 신저가는 신고가와는 반대로 주가가 과거에 없었던 낮은 가격을 형성하였을 때 그 가격을 신저가라고 부릅니다.

신용거래

투자자가 본인 자금보다 더 많은 주식을 매수하고자 할 때 증권회사로부터 자금을 융자받아 매매하는 거래를 말합니다. 신용융자 가능 금액은 보유 현금규모와 동일한 규모라고 생각하면 됩니다. 예를 들어 현금 1,000만원이 있으면 증권사로부터 1,000만원을 융자받아 총 2,000만원어치 주식을 매수할 수 있습니다. 융자기간은 3개월로, 3개월 이내에 주가가 오르지 못하고 떨어질 경우 두 배의 손실이 발생하게 되므로 가능한 한 신용거래는 하지 않는 것이 좋습니다.

신주인수권부사채(BW)

발행 후 일정 기간 내에 언제든지 미리 정해진 가격으로 발행회사의 신주 발행을 청구할 수 있는 권리(신주인수권, warrant)가 부여된 사채를 말합니다. 사채권과 신주인수권이 각각 별도의 증권으로 분리된 경우에는 신주인수권을 양도할 수 있으나 분리되지 않은 경우에는 이를 양도할 수 없습니다. 또한 신주에 대한 발행가액을 납입하는 방식에 따라, 사채는 그대로 존속하고 신주 발행가액은 별도로 납입해야 하는 현금납입형과 사채의 원금을 발행가액으로 대용 납입할 수 있는 사채와 구분됩니다.

애널리스트

각종 정보를 수집·분석해 산업동향과 회사에 대한 유용한 정보를 제공함으로써 기관 및 개인 투자자들에게 투자의 방향성을 제시해 주는 사람을 말합니다. 국내에서는 애널리스트라고 하면 주로 기업분석 애널리스트를 의미하는데, 산업의 현황과 향후 전망, 그리고 그 산업군에 속한 기업들의 현황 및 전망을 분석해 적정 주가와 목표 주가를 산정하고 투자의견을 제시하는 등의 일을 합니다.

액면가

주권에 표시되어 있는 가격을 말합니다. 주식에 액면가액이 표시된 주식을 액면주식이라 하며, 액면가격 표시가 없는 주식을 무액면주식이라고 합니다. 우리나라에서는 무액면주식의 발행을 금지하고 있으며, 액면가 이하의 발행도 원칙적으로 금지하고 있습니다. 액면가의 종류는 500원부터 1,000원, 2,500원, 5,000원으로 다양합니다. 거래소 종목은 5,000원이 많고, 코스닥 종목은 대부분이 500원입니다. 그러나 액면가는 시장가치와 무관하기 때문에 실제적 의미가 거의 없습니다.

액면병합

자본금의 변동 없이 주식수를 줄여 주식 1주의 가격을 높이는 것을 말합니다. 예를 들면 500원짜리 주식의 액면가를 5,000원으로 올려 주식 10주를 1주로 줄이는 방법입니다.

액면분할

액면병합과 반대로 자본금의 변동 없이 주식 1주의 가격을 낮추어 주식수를 늘리는 것을 말합니다. 예를 들면 액면가 5,000원짜리 주식을 500

원으로 낮추어 1주의 주식을 10주로 늘리는 방법입니다. 액면분할을 하는 이유는 주식수를 늘려 많은 사람들이 주식을 사고팔 수 있게 함으로써 유동성을 높이려는 목적인 경우도 있고, 주가를 부양하기 위한 방편일 수도 있습니다.

약세시장
장기적으로 볼 때 주가가 하락하는 추세에 있는 시장을 약세시장이라고 합니다. 증권 시장가격이 증권 고유가치보다 높게 형성되어 있을 때 나타나며, 주가가 상당 기간 동안 하락할 것이 예측되는 시장입니다.

옐로칩
중저가 우량주를 말합니다. 보통 블루칩에 비해 가격이 낮고 업종 내 위상도 블루칩에 못 미치는 종목군으로, 블루칩보다는 시가총액이 작지만 재무구조가 안정적이고 업종을 대표하는 우량종목들로 구성됩니다. 옐로칩은 블루칩에 비해 주가가 낮기 때문에 가격 부담이 적고 유동물량이 많아 블루칩에 이은 실적장세 주도주로 평가받고 있습니다.

오버나이트
파생상품의 투기거래는 위험이 높기 때문에 포지션을 당일로 정리하는 것이 보통인데 당일 정리를 하지 않고 다음날까지 가지고 가는 것을 말합니다.

우선주
배당이익이 발생하거나 잔여재산이 분배될 때 보통주에 우선하여 배당이나 분배를 받을 수 있는 주식으로, 일반적으로 의결권이 주어지지 않습니다.

이브이에비타(EV/EBITDA)
기업의 가치라 할 수 있는 현금 창출 능력이 시가총액에 비해 얼마나 평가되고 있는가를 나타내는 지표로, 현금흐름배수라고도 합니다. 순수하게 영업으로 벌어들인 이익으로 기업의 가치를 알아내는 지표인 이브이에비타(EV/EBITDA)는 낮을수록 저평가되어 있다고 봅니다.

인덱스펀드
주가지수에 영향력이 큰 종목들 위주로 펀드에 편입해 펀드 수익률이 주가지수를 따라가도록 운용하는 펀드. KOSPI200 지수를 따라가는 펀드라면 KOSPI200에 편입된 종목을 동일한 비중으로 투자 운용해 KOSPI200 지수 상승만큼의 투자수익을 목표로 하는 펀드입니다.

자기자본이익률(ROE)
자기자본에 대한 기간이익의 비율을 말하는 것으로 ROE라고 합니다. 자기자본이익률(ROE)은 주주지분에 대한 운용효율을 나타내는 지표로서, 자기자본이익률(ROE)이 높으면 자기자본에 비해 이익을 많이 내는 회사라 할 수 있습니다. 따라서 자기자본이익률(ROE)이 높을수록 좋은 회사입니다.

자전거래
증권회사가 같은 주식에 대해 동일 가격으로 동일 수량의 매도·매수 주문을 내어 매매거래를 체결시키는 방법으로, 같은 증권회사가 매도자가 되는 동시에 매수자가 되는 경우입니다.

작전주
증권 브로커와 큰손, 대주주 등이 공모해 특정 기업의 주식을 매입하여 주식값을 폭등시켜 시세가

좋을 때 주식을 되팔아 이익을 챙기는 주식 종목을 말합니다. 작전에 참여한 증권 브로커들이 특정 종목을 선정해 사모은 후 충분한 물량이 확보되면 자기들끼리 서로 사고팔면서 주식값을 올리는 행위를 하는데, 이때 주식값이 오르는 것을 보고 엉겁결에 매수한 일반투자자들은 작전세력들이 손을 털고 나가면 큰 손해를 입게 됩니다.

저가
하루 중 주가가 가장 낮았을 때의 가격을 말합니다.

전환사채(CB)
일정한 조건에 따라 주식으로 전환할 수 있는 권리가 부여된 회사채. 회사채의 확정이율을 보장하면서 주가 상승에 따른 투자수익까지 누릴 수 있는 장점을 보유하고 있어 일반적으로 보통 회사채보다 저율로 발행됩니다. 전환사채의 소유자는 주식시세가 전환가격을 상회하는 경우 주식으로 전환하여 수익을 올릴 수 있고, 전환의사가 없을 경우에는 사채를 계속 보유함으로써 상환을 받을 수 있는 장점을 지니는 등 사채의 확실성과 주식 전환에 따른 이익가능성이라는 두 가지 요소를 모두 갖고 있습니다. 발행자의 입장에서도 전환사채의 액면이자율이 보통사채보다 낮고, 보통주로 전환될 경우에는 상환부담이 경감되므로 유리하다 할 수 있습니다. 그러나 전환사채의 주식 전환이 이루어질 경우 공급물량이 증가하게 되고 발행주식수의 증가로 주당 가치가 떨어질 수 있기 때문에 기발행주식 대비 전환가능 주식수의 비중이 큰 종목에 대한 주의가 요구됩니다.

종가
하루 중 가장 나중에 형성된 가격을 말합니다. 즉 거래 당일 오후 3시 30분 거래가 끝날 때의 마감가격으로 경쟁에 의하여 단일가격으로 최종 성립된 가격이 종가입니다.

주가수익비율(PER)
현재 주가를 1주당 순이익으로 나눈 값으로, 지금 주가가 주당 순이익의 몇 배로 거래되고 있는가를 알아보는 지표입니다. 주당 순이익은 많은데 주가가 낮다면 PER도 낮아지고, 반대로 주당 순이익은 적은데 주가가 높으면 PER도 높아집니다. 따라서 PER가 낮을수록 주식이 저평가되어 있다고 볼 수 있습니다.

주가순자산비율(PBR)
주가를 1주당 자산가치(순자산)로 나눈 것으로, PBR이라고 합니다. 여기서 말하는 순자산이란 대차대조표상의 자산액에서 부채액을 뺀 것으로 대부분의 경우 자기자본액과 같습니다. 일반적으로 기업의 순자산이 많다는 것은 재무내용이 양호하다는 것을 나타내므로 주가순자산비율은 재무내용에 비해 주가가 어느 정도인가를 나타내는 지표라고 볼 수 있습니다. 따라서 이 수치가 낮을수록 주가는 상대적으로 저평가되어 있다고 볼 수 있습니다.

주가연계증권(ELS)
고객이 맡긴 자금을 국공채 등 채권과 주식투자로 운용, 채권수익률과 주가지수(KOSPI) 움직임에 따라 수익률이 결정되는 ELS펀드는 주가지수연동예금이 가진 높은 수익률 외에 세제혜택, 안정성 등 금융상품의 장점을 고루 갖추고 있습니다. 펀드의 경우 주가지수연동예금과 달리 고객이 맡긴 예금 중 채권에 편입되는 금액에 대해서만 과세하고 주식 등 옵션투자로 운용되는 수익에 대해서는 비과세됩니다. 상품 자체가 펀드로 분류되어, 옵션 부문의 투자수익은 자본차익으로 인정되기 때문입니다. ELS는 또 운용상 예금이 아닌 채권으로 분류돼 예금자보호대상(5,000만원 한도)에는 포함되지 않지만 전체 자금의 95%가 국공채에 투자되기 때문에, 사실상 정기예금보다 예금보장 부문에서 높은 안정성을 확보할 수 있다는 장점이 있습니다.

주도주
주식시장에서 전반적인 주가를 이끌어가는 인기주 집단을 말합니다. 주도주는 그 생명이 짧게는 몇 개월에서 길게는 2~3년 이어지며 경기사이클과 같은 사이클을 그리는 것이 특징입니다. 주도주의 움직임은 시장에 절대적인 영향을 미쳐, 주도주가 오르면 시장분위기가 올라가고, 주도주가 떨어지면 시장분위기가 식어가는 경향이 있습니다.

주식형 펀드, 채권형 펀드
펀드는 맡긴 돈을 주식에 얼만큼 투자하느냐에 따라 주식형, 혼합형, 채권형으로 구분되는데, 주식과 채권에 각각 60% 이상 투자하면 주식형·채권형으로, 이도저도 아니면 혼합형으로 구분됩니다. 즉 '채권형 펀드'는 운용대상에 주식(주식관련 파생상품 포함)이 포함되지 아니하고 채권 및 채권관련 파생상품에 신탁재산의 60% 이상을 투자하는 상품입니다.

중형주
상장종목을 기업규모에 따라 대형주, 중형주, 소형주로 분류하기도 하는데, 납입자본금의 규모가 350억원~500억원 사이인 상장회사의 주식을 중형주라고 말합니다. 중형주는 대형주에 비해 몸집이 작기 때문에 유동성이 좋아 개인투자자들이 선호하는 경향이 있습니다.

증자
기업이 주식을 추가로 발행해 자본금을 늘리는 것을 증자라고 하며, 새로 발행한 주식을 돈을 받고 팔 때는 유상증자, 공짜로 나눠줄 때는 무상증자라고 합니다. 유상증자는 보통 두 가지 형태로 이루어지는데, 이미 주식을 가지고 있는 사람들에게는 현재 시장에서 형성되고 있는 가격보다 할인을 하여 저렴하게 구입할 수 있는 혜택을 주고, 일반투자자에게는 현재 가격과 비슷한 가격에 구입할 수 있는 기회를 제공합니다. 무상증자는 회사의 이익분으로 회사가 새로 발행한 주식의 가격을 결제한 뒤 이미 주식을 보유하고 있는 투자자들을 대상으로 보유비율에 따라 무상으로 나눠주는 형태입니다. 무상증자는 실질적으로 기업의 자본금이 증가되지 않고 단순히 주식수만 늘어나는 것입니다.

천정
바닥의 반대로 상승을 시속하던 주가가 상승을 멈추고 하락으로 전환하였을 때 주가가 천정을 쳤다고 하며, 최고 주가를 천정 또는 천정권이라고 합니다.

코리아 디스카운트(Korea Discount)
기업 내용이 같더라도 우리나라 기업의 주가가 외국기업의 주가에 비해 낮게 형성되는 현상을 지칭하는 말로, 남북분단으로 인한 긴장관계와

부록

기업의 투명성 부족이 그 원인이라 할 수 있습니다. 코리아 디스카운트로 인해 우리나라 기업의 주가는 미국기업의 주가에 비해 60~70% 정도로 낮게 형성된다고 합니다.

KOSPI200
종합주가지수가 우리나라 모든 주식의 가격을 합친 것이라면, KOSPI200은 시장 대표성, 업종 대표성, 유동성(거래량의 정도) 등을 고려하여 선정한 200개 우량종목의 주식 가격을 합친 것입니다. 200개 종목의 시가총액이 시장 전체 시가총액의 약 85%를 차지하고 있어 종합주가지수와 거의 동일하게 움직입니다. 현재 주가지수 선물이나 주가지수 옵션의 기준지수로 활용되고 있습니다.

턴어라운드주
기업실적이 극적으로 개선되는 종목을 가리키는 말입니다. 실적 부진으로 주가가 장기간 눌려 있었기 때문에 실적이 호전되어 기업이 재평가받게 될 때에는 주가가 스프링처럼 탄력 있게 상승하는 경향이 있습니다.

테마주
특정한 이슈가 부각되거나 이슈와 관련된 동일한 재료를 가지고서 움직이는 종목군을 총칭해서 일컫는 말입니다. 테마주는 적게는 3~4개, 많게는 12~15개로 구성된 기업집단으로 형성되며, 수명이 주도주보다 짧아서 며칠에서 수개월 동안 이어지면서 때로는 게릴라식으로 잠복했다가 나타나기를 되풀이하는 경향이 있습니다.

펀드매니저
투자신탁의 자산운용담당자 또는 연금, 기금 등 기관투자가의 펀드를 관리·운용하는 사람을 말합니다. 쉽게 말해 보통 사람을 대신해 증권투자를 해주는 사람이라고 할 수 있습니다. 펀드(fund)는 우리말로 큰돈, 뭉칫돈을 뜻하고, 매니저(manager)는 도와주고 관리해 주는 사람이라는 뜻입니다.

포지션
주식이나 통화 또는 선물이나 옵션 등에 대해 가격의 상승이나 하락을 기대하고 매입이나 매도의 잔고를 보유하고 있는 상태를 뜻합니다. 매수 포지션을 롱 포지션(Long Position)이라 하고, 매도 포지션을 숏 포지션(Short Position)이라 합니다.

프로그램 매매
증권시장에서 시세의 변동에 따라 자동적으로 주문을 하도록 되어 있는 컴퓨터 프로그램을 통하여 이루어지는 거래로, 주식을 대량 거래하는 기관투자가들이 수십 종목씩 바스켓으로 묶어서 거래하는 것을 말합니다. 프로그램 매매는 차익거래와 비차익거래로 구분됩니다. 차익거래는 KOSPI200(스타지수) 구성종목의 주식집단과 KOSPI200 선물·옵션(스타지수선물) 간의 가격 차이를 이용하여 이익을 얻을 목적으로 주식집단과 선물·옵션을 연계하여 거래하는 것이고, 비차익거래는 선물·옵션과 관련없이 KOSPI 또는 스타지수의 구성종목 중 15종목 이상을 동시에 거래하는 것입니다. 프로그램 매매는 때에 따라 주가 폭락의 주범이 되기도 합니다.

필라델피아 반도체 지수
미국 동부에 있는 필라델피아 증권거래소가 1993년 12월부터 산정 발표하고 있는 반도체업종

지수를 말합니다. 이 지수는 16개의 대표적인 반도체 관련주를 포함하고 있어 반도체주의 가격동향을 읽을 수 있게 해줍니다. 삼성전자, SK하이닉스 등의 반도체 관련주의 주가 예측뿐 아니라 IT관련 주식의 비중이 높은 우리나라 증권시장 예측에도 참고가 되고 있습니다.

하한가

격심한 시세변동을 억제함으로써 일시적인 주가 급락으로부터 투자자를 보호하기 위한 제도로, 전일 종가를 기준으로 하루 동안 내릴 수 있는 하한가격을 제한하는 제도입니다. 증권거래소는 증권의 종류 및 종목별로 그 제한폭을 규정하고 있으며 현재는 종목별로 전일 종가의 -30%로 제한되어 있습니다.

헤지거래

주식시장의 가격변동에 따른 투자위험을 효과적으로 회피하기 위해 주가지수 선물시장에서 주식시장과 반대되는 포지션을 취하는 것을 말합니다. 앞으로 주가 하락이 예상될 경우 보유주식 금액에 상당하는 주가지수 선물을 매도해 두면 주가 하락으로 인한 보유주식의 가치 하락을 주가지수 선물거래에서 생긴 이익으로 보전할 수 있게 됩니다. 따라서 헤지 목적으로 주가지수 선물거래를 이용하면 주가가 상승하든 하락하든 전체적인 손익은 거의 없게 됩니다.

헤지펀드

개인 모집 투자신탁. 정부의 규제와 세금회피를 위해 100명 미만의 소규모 투자자들로부터 돈을 모아 운용하는 투기자금의 일종으로, 세금이 없는 지역에 거점을 설치해 두고 치고 빠지는 식의 단기투자로 자금을 운용하는 투자신탁을 말합니다. 각종 금융상품을 투자대상으로 삼으며, 주로 파생상품에 투자합니다. 조지 소로스의 퀀텀펀드나 타이거펀드 등이 유명합니다.

헤징

환율, 금리, 또는 주가지수의 변동에 따른 손실을 줄일 목적으로 파생상품을 매매하는 것을 말합니다.

호가

팔거나 사려는 물건의 값을 부른다는 뜻으로, 주식시장에서는 주식을 사고팔기 위해 가격과 수량을 제시하는 것을 말합니다. 매도주문 중에서 제일 낮은 호가(유효매도호가)와 매수주문 중에서 가장 높은 호가(유효매수호가)가 일치할 때 체결이 이루어집니다.

호가단위

매수호가나 매도호가를 정할 때는 자신이 원하는 가격을 아무렇게나 정하는 것이 아니라 정해진 단위와 가격제한폭 내에서 결정해야 합니다. 주가가 5,000원 미만인 경우 5원, 10,000원 미만은 10원, 50,000원 미만은 50원, 100,000원 미만은 100원, 500,000원 미만은 500원, 500,000원 이상은 1,000원 단위로 거래가 이루어지는데 이를 호가단위라고 합니다. 예를 들어 현재 11,000원 하는 주식이라면 11,150원 또는 11,200원 등으로 50원 단위로 호가를 제시하여야지, 11,170원 같은 가격은 호가 자체가 성립이 안 됩니다. 또한 일정한 가격을 정하지 않고 11,000원에서 11,200원 사이에 사거나 팔아달라고 할 수는 없습니다.

부 록

호재와 악재

주가 변동에 영향을 미치는 각종 요인 중 주가를 높여주는 요인 및 정보를 호재라고 하고, 주가를 떨어뜨리는 요인이나 정보를 악재라고 말합니다.

환율과 주가

환율은 주가와 역행하지만 동행하는 면도 있습니다. 환율이 올라간다는 것은 우리나라 돈(원화)의 가치가 떨어진다는 의미이고, 환율이 내려간다는 것은 원화 가치가 올라간다는 의미입니다. 환율의 하락은 수출액 감소로 이어져 기업수익 면에서는 마이너스 효과를 가져오므로 주가 하락의 요인이 되지만, 외국인 투자자금이 유입된다는 면에서 보면 주가 상승 요인이 되는 양면성이 있습니다.

후배주

주주로서 누리는 권리가 다른 주식보다 앞서는 주식을 우선주라 하고, 표준이 되는 주식을 보통주라고 합니다. 그리고 후배주는 주주로서 누리는 권리가 보통주보다 뒤에 있는 주식입니다. 쉽게 말해서 회사가 장사를 잘해서 돈을 많이 벌면 제일 먼저 우선주를 가지고 있는 사람에게 배당을 주고, 그래도 돈이 남으면 보통주를 가지고 있는 사람에게 배당을 주게 됩니다. 그리고 나서도 돈이 남으면 마지막으로 후배주를 가지고 있는 사람에게 배당을 주는 것입니다. 이처럼 보통의 주식보다는 안 좋은 주식이기 때문에 후배주는 주로 회사에 공을 세운 사람들에게 선물로 나누어주기 위해서 발행되는 경우가 많습니다.

초보 투자자를 위한 길벗의 주식투자서

강창권 지음 | 400쪽 | 33,000원

- 25년 투자 고수가 전하는 매일 수익 내는 단타 매매의 기술
- 실전투자대회 6관왕, 억대 트레이더의 스승이 알려주는 단타 전략

임인홍(오일전문가) 지음 | 304쪽 | 22,000원

- 4000만 원으로 시작해 40억 만든 가치주 배당 혁명
- 주식을 사라, 보유하라, 그리고 배당을 다시 투자하라!

환상감자(이은호) 지음 | 336쪽 | 22,000원

- 배당투자로 월 300만 원 제2의 월급 만드는 시스템
- 불확실한 시대, 검증된 배당주에 안전하게 투자하라!

홍인기 지음 | 344쪽 | 21,000원

- 15만 원으로 10억 만든 실전투자대회 1위 수상자의 필승 트레이딩 공식
- 종목 선정, 수급, 거래원, 호가창의 비밀과 장대양봉 매매법까지 단타의 A to Z

100만 독자가 선택한 〈상식사전〉 시리즈

우용표 지음 | 420쪽 | 19,800원

▶ 소중한 내 월급을 모으고 불리기 위한 최적의 솔루션 66
▶ 연말정산, 주식, ETF, 부동산… 틈틈이 읽고 바로 써먹는 기적의 돈 공부!

백영록 지음 | 584쪽 | 22,000원

▶ 전월세, 내 집 마련, 세금과 투자까지 한 권으로 끝장낸다
▶ 필수상식부터 전문가와 중개업자만 아는 비밀정보까지 한 권에!

김민구 지음 | 448쪽 | 20,000원

▶ 기초 용어부터 금융 상식, 글로벌 트렌드까지 말랑말랑 경제 공부 152
▶ 꼭 알아야 할 경제 상식이 머릿속에 쏙쏙, 뉴스가 술술!

글·그림 조립식 | 원작 김민구 | 324쪽 | 18,000원

▶ 경제가 이렇게 재미있다니! 50만 독자가 선택한 경제입문서
▶ 기초 상식부터 금융, 환율, 세계 경제까지 만화로 배우자!